ちくま新書

西田幾多郎『善の研究』を読む

藤田正勝
Fujita Masakatsu

1678

西田幾多郎『善の研究』を読む【目次】

はじめに

『善の研究』は西田幾多郎が一九一一（明治四十四）年に出版した彼の最初の著作である。哲学という学問が明治のはじめに紹介されてからはじめて出された本格的な哲学書として、またその独自の思索により哲学に新たな頁を切り開いた著作として、その名は広く知られている。手にされた人も多いと思う。しかしそれを理解するのは簡単ではない。私自身も、かつて若い頃に、それを読み始めて途中でやめてしまったことがある。

『善の研究』は明治の末に出版されたものであり、その言葉づかいや表現の仕方が現在のものとかなり違っている。それだけでなく、内容的にも難しい。多くの人がその難解さについて語っている。一つおもしろい例を紹介したい。西田の六女の金子梅子さん（和辻哲郎のあと東大の倫理学講座を引き継いだ金子武蔵に嫁いだ）が旧版の『西田幾多郎全集』の月報に「父母の思い出」（一九五三年）というエッセーを寄せて、そのなかで次のように記している。

「私は父のことを云われるのはあまり好きではない。父が偉いということは何か私に圧迫を感じさせるからであろうか。その上「あなた『善の研究』お読みになった？」と私の気持も知らないで責めてくる人もある。『善の研究』どころか父の書いたものはみただけでも頭が痛くなる」。金子武蔵氏の傍らで哲学の論文には触れる機会が多々あったと考えられるが、その方でもこのように感じておられたのである。この文章を読んで少しほっとしたことを覚えている。

しかし他方、この本は、それ以後に書かれた論文と比べると、かなり読みやすいということも言える。『善の研究』以後の論文について、西田は自ら「悪戦苦闘のドキュメント」であったと表現しているが、実際、西田は自分の思索の苦闘をそのまま文章にしているし、また、くり返し推敲するということをしていない。その生硬な文章を理解するのは、ほんとうに骨が折れる。

それと比べると、『善の研究』は、全体の構成についても何度も検討が加えられ、まとまりのあるものになっている。また文章もよく推敲されている。そのために、全体の作りも分かりやすいし、文章に関しては、余分なものがそぎ落とされて、すっと読めるようになっている。このあとに書かれた論文のごつごつした文章と比較すると、その違いがよく分かる。

そうは言っても、やはり理解するのは簡単ではない。私のように途中で挫折した方も多いのではないだろうか。そういう方にもう一度挑戦していただきたいと思って筆を執ったのが本書である。もちろん、これまで『善の研究』に触れる機会のなかった方にも、この書のおもしろさやそれがもつ意義や価値を分かりやすくお伝えしたいと思っている。

以下で述べるように、『善の研究』は多くの魅力に満ちている。そこには物事の真相に迫ろうとする西田の真剣な思いがそのまま表現されており、それがわれわれを刺激する。また、そこここでわれわれの心底に訴えてくる言葉に出会う。第四編でオスカー・ワイルドの『獄中記』に触れながら、「罪はにくむべき者である、しかし悔い改められたる罪ほど世に美しきものもない」と言われているのもその一つである。『善の研究』は真理とは何かを考える上でかっこうの手がかりになるとともに、われわれが生きていく上で大きな力にもなると思っている。

第1章

『善の研究』はどういう書物か

†西田の生涯と『善の研究』

西田幾多郎（一八七〇―一九四五）は、一八七〇（明治三）年に現在の石川県かほく市で生まれた。金沢の第四高等学校で教鞭を執ったのち、一九〇九（明治四十二）年、三十九歳のときに学習院教授となり、その翌年に京都大学に倫理学担当の助教授として赴任した。一九一四（大正三）年に哲学講座の教授となり、十四年間、その講座を担当した。

最初の著作である『善の研究』は、京都大学に移った翌年に弘道館という出版社から刊行された。その後、西田は多くの著作を発表し、現在刊行されている『西田幾多郎全集』は二十四巻を数えるが、それを貫く考え方はすでに『善の研究』に示されている。そういう意味で、これが西田の代表的な著作であると言ってもよい。

『善の研究』は一九二一（大正十）年に版を組み直して岩波書店から出版され、その後、版を重ねた。そして一九三七（昭和十二）年には活字が摩滅したため、改刷本を出している。そのときに付け加えられた序「版を新にするに当って」のなかで西田は、「私がこの書を物せし頃、この書が斯《か》くまでに長く多くの人に読まれ、私が斯くまで生き長らえて、この書の重版を見ようとは思いもよらないことであった」（一〇）[1]と書き記している。このとき西田は六十六歳であった。二十六年前に発表した著作がふたたび版を新たにして刊行されるということは、おそらく、初版を——小さい出版社からひっそりと——出したときには想像さえしなかったのであろう。このように記したあと、西田は西行法師の「年たけてまた越ゆべしと思ひきや命なりけり小夜の中山」という和歌の一部を引用している。これは西行が東大寺の再建のために二度目の奥州への旅に出たときに作った歌である。小夜（佐夜）の中山というのは、遠江国（いまの静岡県掛川市と島田市の境）にある中山峠のことで、当時、東海道の難所として知られていた。高齢（六十九歳）の西行にとって、この峠を越えることはさぞかしたいへんであったろうと想像される。西田もその生涯においてさまざまな苦しい出来事を経験しており[2]、それを乗り越えて長生し、この書の新しい版を出版しえたことに、深い感慨があったのであろう。

西田幾多郎（「旧版『西田幾多郎全集』第二巻より）

『善の研究』が読まれ続けたのは西田の存命中だけではない。戦後も、とくに一九五〇年に岩波文庫版が出て以降、多くの人に読まれ続けている。多くの研究書も出され、英語やフランス語、ドイツ語、スペイン語、イタリア語、中国語、韓国語など、多くの言語に翻訳されている。

†長く読み継がれている『善の研究』

なぜ『善の研究』はこのように長く読み継がれ、そしてそれをめぐって数多くの研究がなされてきたのであろうか。この問いに対してはさまざまな観点から答えられるであろうが、まず何より、そこにまさに自立した思索の営みがあったからだと言えるのではないだろうか。明治のはじめからおわりまでの、およそ四十年余りにわたる受容の期間を経て、ようやく哲学は日本において自らの足で歩くことを始めた。『善の研究』はそのことを示す記念碑的な著作であると言える。それはまた、それ以後の思想家が自らの思想を形成するための足場とも、道しるべともなった。その意味で『善の研究』は日本の哲学の歴史のなかで大きな位置を占める。しかしそれはただ単に歴史的な価値を有するだけではない。決して過去の書物ではない。

西田はこの書において、西洋の哲学に正面から向き合い、その議論のなかに身を投じ、そこで十分な解決が与えられていない問題をめぐって、どこまでも思索を深めていった。『善の研究』で問題にされている「実在とは何か」、「善とは何か」、「宗教とは何か」といった問題は、そのような意図に基づいて論じられたものであった。そうした問題を論じるにあたって、西田は一方では、当時の西洋の哲学に正面から取り組んでいるのであるが、他方、仏教や儒教など、東洋の思想的な伝統をも踏まえ、従来にないより広い視野のなかで、それらの問題について自らの考えを示していった。そのように西洋と東洋のはざまに身を置くことによって、哲学の世界に新しい眺望を切り開いていった。それが本書の魅力になっていると言ってよいであろう。

ただ以下の点には注意しておく必要がある。西田哲学は東洋の思想、とくに禅の思想を西洋哲学の術語を使って表現したものであると言われることがあるが、その理解は正鵠《せいこく》を射ていない。西田が儒教や仏教についての深い理解を有していたことは、『善の研究』の本文から容易に見てとることができる。しかしそれらについて積極的に論じることはしていない。西田がこの著作のなかで試みたのは、あくまで哲学の根本問題をめぐる議論のなかに身を投じ、その議論に一つの答なり方向性を示すことであった。

しかし同時に、そのような問題を自分自身の力で考え抜いていこうとするときに、いま言ったような東洋の伝統的な思想も、西田にとって大きな手がかりになったと考えられる。言わばその二つの流れが交差するところで西田の思索はなされたと言ってよい。そのような場所での思索は、それまで誰も立ち入らなかった荒野に足を踏み入れるような試みであり、大きな困難を伴う作業であったと考えられる。しかし西田はあえてそのような場に自らを置くことによって、いままでにない新しい視点から哲学の諸問題に光をあてていったのである。その試みは現在でも輝きを失っていない。だからこそいまもなお多くの人々の目がそれに注がれているのであろう。

†西田の思索の変遷とそれを貫くもの

先ほど、西田の初期から晩年に至るまでの思索全体を貫く考え方はすでに『善の研究』に示されていると言った。しかしそれは、西田の思想がその生涯のなかで変化しなかったという意味ではない。むしろそれは大きな変遷を遂げた。大きく分けると、「純粋経験」について論じた前期と、「場所」という概念を用いて自らの思想を展開した中期、そして後期の思想と、三つの時期に分けることができる。後期には「行為的直観」や「絶対矛盾的自己同一」、「逆対応」などをめぐって思索を展開していった。

西田自身も自らの思想が大きく変化したことを認めている。先ほど触れた『善の研究』の新しい版の序「版を新にするに当って」のなかで、それまでの彼の思索の歩みをふり返って次のように記している。「純粋経験の立場は「自覚における直観と反省」に至って、フィヒテの事行《じこう》の立場を介して絶対意志の立場に進み、更に「働くものから見るものへ」の後半においてギリシャ哲学を介し、一転して「場所」の考に至った。そこに私は私の考を論理化する端緒を得たと思う。「場所」の考は「弁証法的一般者」として具体化せられ、

「弁証法的一般者」の立場は「行為的直観」の立場として直接化せられた。この書において直接経験の世界とか純粋経験の世界とか云ったものは、今は歴史的実在の世界と考える様になった。行為的直観の世界、ポイエシスの世界こそ真に純粋経験の世界であるのである」(九―一〇)。

このように西田自身、彼の思想の変遷を認めている。しかしそれとともに、この文章の最後で、彼がこの段階で最も具体的なものとして考えていた「行為的直観の世界」、「ポイエシスの世界」が、同時に、「真に純粋経験の世界」でもあると語っている点が注意を惹く。つまり、西田は彼が「純粋経験の世界」と考えるもの、言いかえれば、もっとも直接的でもっとも具体的であると考えるものをめぐって、生涯を通じて変わることなく考察を行ったとも言えるのである。もちろん、それを考察する視点はさまざまに変化したと言えるが、めざしたもの、追い求めたものは、生涯、変わることがなかったと考えられるのである。その意味でも、西田哲学を理解するためには、何よりも「純粋経験とは何か」を問い、「純粋経験」についての理解を深めることが重要であると言えるであろう。

†なぜ『善の研究』というタイトルが付けられたのか

この「純粋経験」という概念をめぐって西田は『善の研究』の第一編「純粋経験」のな

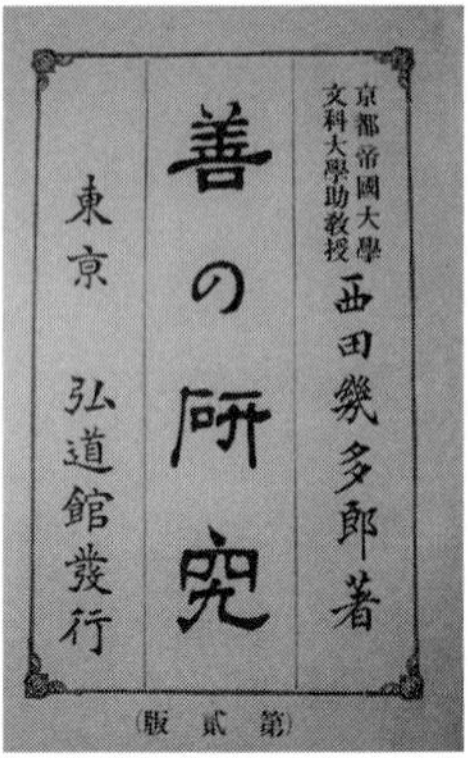

弘道館版『善の研究』

かで論じたのであるが、しかし、なぜ『善の研究』というタイトルをもつ書物のなかでそれが論じられたのか、あるいはそれを根底に置いた哲学が構想されたのか、疑問をもたれた方もいると思う。筆者も長いあいだ、そのことをたいへん不思議に思っていた。さらに言えば、この第一編だけでなく、第二編の「実在」や第四編の「宗教」がなぜ『善の研究』という表題のもとで論じられたのか、すぐには理解できないところがある。この本のタイトルは必ずしも、その内容を反映していないのではないかと長いあいだ思っていた。

実は最近、この本の初版の出版先である弘道館と西田のあいだで交わした出版契約書が発見された(3)。それを見ると、最初この本の表題は、「純粋経験と実在」とされていたことが分かる。このタイトルの方がまちがいなく本書の内容にふさわしい。この書における西田の根本の主張は、「純粋経験」こそ実在、つまり真にあるものであるというものだからである。

†「純粋経験と実在」から「善の研究」へ

しかし契約書ではこの「純粋経験と実在」という文字が抹消され、その横に「善の研究」と記されている。なぜなのか、その問いに答えるためには、『善の研究』が出版されるに至った経緯について見ておく必要がある。西田は一九一〇（明治四十三）年の八月に学習院から京都大学に移ったが、おそらくその年の初め頃から、友人の松本文三郎（そのとき京大の文科大学長になっていた）と山本良吉（京大の学生監であった）の尽力で転任の話が進んでいた。その頃から西田は著作の出版を考えていたのではないだろうか。しかしまだ無名であった西田に心当たりの出版社はなかった。それで第四高等学校の講師であったときの教え子の一人であり、当時東京大学の出身者を中心に出されていた『哲学雑誌』の編集を担当し、その出版元であった弘道館と強いつながりをもっていた紀平正美《ただよし》に出版の世話を依頼した。

旧版の『西田幾多郎全集』（岩波書店、第一次、一九四七―一九五三年）第一巻の編集を担当した西田の弟子の下村寅太郎は「後記」のなかで紀平正美の談話を紹介している。この「後記」によれば、紀平は次のように語ったとのことである。[4]「東京を去られるに当たり、先生は同（紀平）氏に『善の研究』の原稿（全部印刷にされた冊子であったという）を託し、その出版の世話を委任されたので、同氏は当時『哲学雑誌』の発行所であった弘道館にて刊行することに取運んだとのことである」。

この間の事情を知る手がかりになる西田の紀平宛の手紙（一九一〇年十月二十一日付）がやはり近年になって新たに発見された。そこで西田は次のように記している。「御申越の如く本屋のいうのも無理なき事と存じ候故御考の如く「善の研究」という様なことにいたし今度は第一編実在、第二編善、第三編宗教、第四編純粋経験という風にいたし候てはいかん。……「善の研究」として始にあまり認識論や哲学のような事のみ多くては読者が変に感ぜずやと思う」（一九・一八七）。

†ロイスの『善と悪の研究』がヒントに？

ここからいくつかのことが読みとれる。一つは、出版社の要望で書名が「純粋経験と実在」から「善の研究」に変更されたと考えられる点である。当時すでに、エルンスト・マッハやリヒャルト・アヴェナリウスが reine Erfahrung という概念を、ウィリアム・ジェイムズが pure experience という概念を使っていたが、この「純粋経験」という表現は一般にはまったく知られていなかった。いったい何を問題にしようとしているのか、この題では分からないし、そのために売り上げを見込めないという出版社の判断が働いたのではないかと想像される。それを踏まえて紀平から「善の研究」ではという提案がなされたのではないだろうか。

なぜ「善の研究」という表題が候補に挙げられたのか、詳しいことは分からない。下村寅太郎は『西田幾多郎――人と思想』のなかで、『善の研究』の出版に尽力した紀平正美が、十九世紀の終わりから二十世紀の初めにかけて活躍したアメリカの哲学者ジョサイア・ロイスの著作からヒントを得、提案したのではないかと推測している。もしこの推測が正しければ、おそらく紀平はロイスの『善と悪の研究』[5]から着想を得て、西田にそのような提案をしたのではないだろうか。『哲学雑誌』第二五二号（一九〇八年二月）の「雑録」欄に紀平が学士会の読書会で「ロイス――善と悪の研究」と題して講演を行ったという記述があり、その可能性は十分に考えられる[6]。

先の書簡からわかるもう一つの事実は、西田が、タイトルを『善の研究』に変更した場合、それと実際の内容とのあいだに不釣りあいが生じるため、第一編「純粋経験」を最後に回すという提案をしていたことである。しかしすでに版組みが終了していたためであろうか、この西田の提案は実現にいたらず、最初の計画通り、純粋経験、実在、善、宗教の順で全体が構成された。

『善の研究』という表題が付けられた経緯は以上から理解することができるが、しかしやはり、内容にそぐわないという印象は残る。初版の「序」で西田は「純粋経験を唯一の実在としてすべてを説明して見たいというのは、余が大分《だいぶん》前から有って居た考であった」（六）と記している。それにもかかわらずなぜ「善の研究」なのか、西田自身、やはりそれが気になったようで、この「序」で「この書を特に「善の研究」と名づけた訳は、哲学的研究がその前半を占め居るにも拘らず、人生の問題が中心であり、終結であると考えた故である」（六）と付け加えている。

もちろん西田は、哲学を単なる学問として、あるいは学問の一分野としてではなく、生きるということ、いかに生きるかということと切り離しがたく結びついたものとして見ていた。そうした問題にこそ哲学の動機と目的があるという考えをもっていた。西田が『善の研究』を執筆する過程で書き留めたメモ、草稿類が残されており、『西田幾多郎全集』第一六巻に「純粋経験に関する断章」という題のもとに収められている。(7) そのなかに「人は生きるために哲学を要するのである」（一六・二八七―二八八）という記述がある。ずっとあとになるが、一九三二年に発表した『無の自覚的限定』のなかでも、「私は人生問題というものが哲学の問題の一つではなく、寧《むし》ろ哲学そのものの問題であるとすら思うのである。行為的自己の悩、そこに哲学の真の動機があるのである」（五・一三九）と記している。

このような考えが『善の研究』の第三編「善」や第四編「宗教」に反映していることはまちがいない。しかし、第一編「純粋経験」が冒頭に置かれ、それについて「余の思想の根柢である純粋経験の性質を明《あきらか》にしたものである」（五）という説明がなされていることからすると、やはり『善の研究』というタイトルでよかったのかどうかという疑問は残る。西田ものちに弟子の柳田謙十郎に宛てた書簡（一九三九年）のなかで、柳田が出版を計画していた『実践哲学としての西田哲学』に触れ、書名が少し長すぎないかと指摘したあと、「私の「善の研究」というのは当時本屋の求もあり他人のつけたものだがどうも面白くない」（二二・二三五）と、その表題に満足していなかったことを打ち明けている。

†『善の研究』の構成

『善の研究』は第一編「純粋経験」、第二編「実在」、第三編「善」と第四編「宗教」の四つの編からなる。それぞれの編が本書全体のなかでどのような意味をもっているのかということについて、西田自身が「序」のなかで記している。具体的には次のように述べている。「第一編は余の思想の根柢である純粋経験の性質を明にしたものである……。第二編は余の哲学的思想を述べたものでこの書の骨子というべきものである。第三編は前編の考を基礎として善を論じた積であるが、またこれを独立の倫理学と見ても差支《さしつかえ》ないと思う。第四編は余が、かねて哲学の終結と考えて居る宗教について余の考を述べたものである」(五—六)。

まず、「純粋経験」という概念が西田の哲学の根底にあること、そしてその「純粋経験」が何であるかが第一編で論じられていることがわかる。その意味で、根本概念である「純粋経験」について論じた第一章が冒頭に置かれたことには十分な理由がある。しかし、実際にその第一編から読み始めたとき、われわれはやや唐突な印象を受ける。なぜ「純粋経験」が問題になるのかということが説明されないで、いきなり「純粋経験」とは何かということが論じられているからである。この唐突な印象は、おそらく、『善の研究』の四つの編のなかで第二編「実在」が最初に成立したことに関わっている。つまり、第一編は、第二編の叙述を前提にして書かれているところがあるのである。

†相互に前提しあう第一編と第二編

第二編「実在」においては、その第一章として「考究の出立点」が置かれている。この章は第二編の「出立点」であっただけでなく、実際には『善の研究』全体の「出立点」でもあったと考えられる。おそらくそのために、この第二編から読み始めた方が、本書に込めた意図がより明確に読者に伝わると西田は考えたのではないだろうか。「序」のなかで「始めて読む人はこれ〔第一編〕を略する方がよい」と記したのは、そのようなことを踏まえてのことであったと考えられる。

それでは西田はどこから考察を始めたのであろうか。それを明確に示すのは第二編第一章の次の言葉である。「今もし真の実在を理解し、天地人生の真面目《しんめんもく》を知ろうと思うたならば、疑いうるだけ疑って、凡《すべ》ての人工的仮定を去り、疑うにももはや疑い様のない、直接の知識を本《もと》として出立せねばならぬ」（六四―六五）。

真の実在とは何かを明らかにすることがめざされていること、またそのためには、われわれがものを認識するために仮構したものをすべて除き去り、「直接の知識」から出発しなければならないことが言われている。そしてこの直接の知識とは何かという問いに対して西田がこの第二編で出した答が、「直覚的経験の事実」すなわち「純粋経験」こそがそれであるというものであった。加えてここで、この「直覚的経験の事実」は考察の出発点であるだけでなく、それ自体が「真の実在」であることが言われている。

この第二編での考察を踏まえて改めて「純粋経験」とは何かを問題にしたのが第一編である。西田の思索の実際の道筋に沿えば、第二編の方が先に置かれるべきであったと考えられるが、しかしこの第二編の思索を根底で支えていたのは、「純粋経験」の概念であったということも言える。文字通り西田の「思想の根柢」であり、それが何かを予め明らかにしないかぎり、第二編も十分に理解されないと考え、それを第一編としたのではないだろうか。第一編と第二編とは相互に前提しあうような関係にあり、どちらも他を必要としていると言ってよいであろう。

†哲学と道徳・宗教との密接な結びつき

以上の第一編、第二編に引き続いて、西田の思想のこの骨格部分をいわば肉づける部分として、道徳について論じた第三編と、宗教について論じた第四編とが置かれている。第二篇第一章の冒頭でも、「世界はこの様なもの、人生はこの様なものという哲学的世界観および人生観と、人間はかくせねばならぬ、かかる処に安心せねばならぬという道徳宗教の実践的要求とは密接の関係を持って居る」（六三）と言われている。理論的な側面と実践的な側面とが切り離しがたく結びついているというのが西田の考えであった。

先に西田が『善の研究』を執筆する過程で書き留めたメモ、草稿類が「純粋経験に関する断章」として残されていると言ったが、そのなかにも次のような記述がある。「哲学は固《もと》より知識的ではあるが、人心の統一に本《もと》づいた者で、直《ただち》に実践的要求と接して居る」、

「併《しか》し余は更に一歩を進んで、宗教及道徳が哲学を要するというよりも、寧ろ哲学は直に宗教であり、道徳であると考える。所謂《いわゆる》知識なる者は伝承的で、皮相的で事実の真相に達して居らぬ。此故に宗教や道徳と離れて居る。若しこれを鍛錬して真実に達する時は、自ら宗教を認め、道徳を具えてくる。宗教も道徳も此の一個の真実の外には何物もないのである」(一六・二八七―二八八)。哲学が単なる表面的な知識にとどまらず、真理そのものに迫っていくならば、おのずから道徳や宗教に結びついていくと考えていたことが、ここから読みとれる。

†善・宗教の問題と「純粋経験」

本書の「第3章　善」で詳しく見るつもりであるが、西田は『善の研究』の第三編第十一章「善行為の動機(善の形式)」や第十三章「完全なる善行」などにおいて、善をめぐる自らの見解、自らの立場について詳しく論じている。その記述からも、西田が「純粋経験」と道徳の問題を密接に関わったものとして理解していたことが見てとれる。たとえば第十一章において西田は、善なる行為とは、自己の内面的必然より起こる行為、つまり、「全人格の要求」に従う行為であることを述べている。そしてこの全人格の「内面的要求の声」をいかにして知ることができるのかという問いに対して、「我々の全人格の要求は我々が未だ思慮分別せざる直接経験の状態においてのみ自覚することができる」（二〇二）と答えている。西田においては、道徳は「純粋経験」の上にはじめて成立しうるものであったのである。

西田によれば、人格の内面の要求に忠実であろうとすることが、善行為成立の要件である。それは、欲望の主体である自己を否定することでもある。そのことを西田は「偽我《ぎが》を殺し尽して一たびこの世の慾より死して後蘇《よみがえ》るのである」（二二一）という言葉で言い表している（詳しくは一四七頁参照）。

道徳だけでなく、宗教もまた、この「偽我を殺す」ことを通して成立する。西田の宗教理解の特徴は、真正の宗教は「自己の変換、生命の革新」を求めるところに成立すると考える点にある。それは自己を頼む心といった「小意識」、あるいは自己の「安心《あんじん》」を求める利己心を超えることである。宗教とは、この「小意識」を超えて「一大精神を感得する」ことにほかならない（一五四頁参照）。

それを西田は、「生きているのは、もはや私ではない。キリストが私のうちに生きておられるのである」という「ガラテヤ人への手紙」（二・二〇）におけるパウロの言葉を引いて、「肉的生命の凡《すべ》てを十字架に釘付け了《おわ》りて独り神に由りて生きんとするの情」（二二三）と言い表している。この「主客合一」、つまり「未だ主客の分離なく、物我一体、ただ、一事実あるのみ」(二二六)という状態を宗教はめざすのである。ここからも西田が「純粋経験」の概念を踏まえて宗教の問題を考えていたことが、はっきりと見てとれる。

†『善の研究』までの歩み

『善の研究』初版の「序」の冒頭に、「この書は余が多年、金沢なる第四高等学校において教鞭を執って居た間に書いたのである」と記されているが、この書は書き下ろしではなく、四高時代の講義草稿やそののち学術雑誌などに発表された論文がもとになって成立した。それらが発表されるきっかけを作ったのは、ある偶然の出来事であった。

西田は四高でおもに「倫理」の講義を行った(それとともに論理や心理、ドイツ語なども教えた)。この「倫理」の講義の試験のときに、その内容が難しかったために、クラスの代表が西田のところに草稿を借りにいき、それを印刷して生徒のあいだに配布するということがあった。旧版『西田幾多郎全集』第一巻の「後記」のなかで下村寅太郎は、そのとき四高の二年生であり、雑誌部の委員であった小笠原秀実が、西田のもとから講義の草稿を借りだし、それを雑誌(おそらく四高校友会の雑誌『北辰会雑誌』)と同じ体裁で印刷して生徒のあいだに配布したということを記している。そして下村の手元にあった「西田氏実在論及び倫理学」と題された小冊子がそれであり、それが『善の研究』の原本であるとしている

（下村はこの冊子とともに「実在論」と「倫理学」という冊子が手元にあったことを記している）。

しかし茅野良男が『『善の研究』について――『西田氏実在論及び倫理学』をめぐって』（『本』第七巻第一〇号）のなかで推定しているように、このときに印刷されたのは、実在に関する部分だけを含む「実在論」であったと考えられる。またこの印刷された講義草稿は、西田が二年生のために行っていた「論理及び心理」の草稿ではなく、三年生のための「倫理」の草稿であったと考えられる。同じ学年にいた河合良成は『明治の一青年像』という著作のなかで、「西田先生の倫理学の講義は、私にはひじょうにおもしろかったが、クラスの連中には難解だというので困ってしまって、いよいよ試験が間近に迫ったとき、多くのものから級長をしていた私に向かって「西田先生の講義原稿をもらってきて、それをプリントして皆に分配せよ」という要望があった」と記しているが、この文章もそのことを示している。(8)

西田はこの「倫理」の時間に、『善の研究』の第二編と第三編に相当する内容を講義したと考えられる。おそらくその進行にあわせて一九〇六（明治三十九）年（小笠原や河合が三年生であった年）の十二月にまず「実在論」が印刷され、翌一九〇七年の四月に「倫理学」が印刷されたと考えられる。そのように想定するのは、西田の一九〇七年一月十九日の日記に「松本〔文三郎〕へ実在論を送った」という記述が、同二月十二日には「得能〔文〕

に実在論を送る」という記述が見られるからである。さらに同年四月二十一日には「倫理学原稿印刷成る、北条、松本、山本、得能へ一本ずつ送る」という記述が、二十六日には「藤岡〔作太郎〕へ倫理学……送る」という記述が見られる。

「西田氏実在論及び倫理学」(9)は、のちにこの「実在論」と「倫理学」とを合本したものではないであろうか。「倫理学」の残部の有無を西田が河合良成に問い合わせた折に、自分自身のものしか手元になかった河合は、それを西田に送ることを申しでた。それに対して西田は「倫理学原稿願上候処《ねがいあげそうろうところ》貴兄の分を玉わり候えども決してそれには及ばず候。いずれこの九月になれば更に印刷に付するならんと存じ候故小生の友人の方はその時にてよろしく候間必ず御配意被下間《くだされま》敷《じく》候」と返事を出している(一九〇七年六月二十二日)。おそらく九月からの新三年生の講義のために再度印刷することが考えられていたのであろう。「西田氏実在論及び倫理学」は、この二度目に印刷されたものと考えるのが妥当なのではないであろうか。

いまも記したように西田は、この印刷された「実在論」と「倫理学」を知人や友人たちに送った。それが積極的な評価を得、学術雑誌に発表する道が開かれた。まず「実在論」の方が、『哲学雑誌』第二二巻第二四一号(一九〇七年三月十日)に「実在に就て」という題で発表された。かねてから親しくしていた松本文三郎と得能文《とくのうぶん》とがこの雑誌への寄稿を勧め、推薦したのではないかと考えられる。ちなみにこの「実在に就て」においては、「一考究の出立点」に先立って、次のような序言が付されている。「この論文は或る学生に自己の考を話す為の草稿として自分が予《かね》て考えて居た思想の大体を書付けたものである、それも先頃遂に鬼籍に上った病児の介抱片手で書いたので甚《はなはだ》蕪雑《ぶざつ》不備なることは自分も知って居る、固より公の雑誌などに出す積りではなかったが友人の勧もありまた自分も他日斯くの如き考を厳密に組織してみたいと思うにつけ、不完全ながらも大体の思想だけでも人に見て貰ろうて教を受ける方が自分の益であると考えたから遂にこの雑誌の余白を汚すこととした」。

第三編「善」は先に述べた「倫理学」という冊子をもとに書かれた。この部分については、従来『善の研究』出版以前に論文の形では公にされていなかったと考えられていたが、茅野良男によって、「倫理学説」という表題のもと、『東亜之光』（冨山房発行）という雑誌に発表されていたことが明らかにされている（同誌第三巻第三、四、六、七、八号、一九〇八年三月、四月、六月、七月、八月）。

二〇〇二―二〇〇九年に刊行された新版の『西田幾多郎全集』（竹田篤司ほか編）第十四巻には、西田が四高での講義「倫理」のために作成した草稿（「倫理学草案」）が二つ収められている。一つは、一九〇四（明治三十七）年九月から翌年六月の講義の草稿であり、もう一つは、一九〇五年九月からの年度の講義草稿であると考えられる。この二つの草稿の章立ては、『東亜之光』に発表された「倫理学説」とは大きく異なっている。したがって一九〇六年度（つまり小笠原や河合らが聴いた年）の講義で内容に大きな変更が加えられたと推測される。

『善の研究』第一編「純粋経験」のもとになったと考えられるのは、『北辰会雑誌』に発表された「経験と思惟及び意思」と題された論文である。同誌第五一号（一九〇八年六月）に「経験」および「思惟」の章が、そして第五二号（同月）に「意思」と「知識的直覚」の章が発表されている。この論文も首尾よく『哲学雑誌』への掲載が決まった。一九〇八年八月十日発行の『哲学雑誌』の第二三巻第二五八号に、題を「純粋経験と思惟、意志、及び知的直観」と改めて発表された。

『北辰会雑誌』第51号（金沢大学付属図書館蔵）

『善の研究』第四編「宗教」の第一―三章に対応するのは、『丁酉《ていゆう》倫理会 倫理講演集』第八〇（一九〇九年五月）に発表された「宗教に就て」という論文である。第四章「神と世界」に対応するのは、『丁酉倫理会 倫理講演集』第八二（一九〇九年七月）に発表された「神と世界」という論文である。第五章「知と愛」に当たる部分は、第四編のなかではもっとも早く、清《きよ》沢満之《ざわまんし》を中心とする信仰共同体であった浩々洞《こうこうどう》から刊行されていた雑誌『精神界』第七巻第九号（一九〇七年九月）に発表された。この執筆を依頼したのは、清沢の弟子であり、『精神界』の編集に携わっていた暁烏敏《あけがらすはや》であった。西田の一九〇七年八月二日の日記に「暁烏来る」という記事があり、翌日の欄に「精神界のために知と愛という文を草す」と記されている。

†『善の研究』の成立

以上のように西田は一九〇六年から一九〇九年にかけて『善の研究』のもとになる論文を少しずつ発表していったのであるが、それらを一冊の本にまとめ、出版しようと思い立ったのはいつの頃であったであろうか。まず手がかりになるのは、『善の研究』初版の「序」の次の言葉である。「初《はじめ》はこの書の中、特に実在に関する部分を精細に論述して、すぐにも世に出そうという考であったが、病と種々の事情とに妨げられてその志を果すことができなかった。かくして数年を過して居る中に、いくらか自分の思想も変り来り……」。「数年」前というのは、おそらく西田が先に言及した「実在論」を手にした頃のことであろう。この冊子を先に触れた藤岡作太郎に送った折りの手紙のなかで西田は次のように記している。「小生は大体かかる考を本として哲学の一体系を完成いたし度《たい》と存じ候」。そして当時アメリカにいた鈴木大拙に宛てた手紙（一九〇七年七月十三日付、「実在論」に手を加えた「実在に就て」を送付した後に書かれたと考えられる）のなかでも西田は次のように書いている。「余の先度送った者は全くscientificの者だ。……これからまた一つ思想を錬磨して見たいと思うて居る。できるならば何か一冊の著作にして見たいと思う。これまでの哲学は多く論理の上に立てられたる者であるが余は心理の上に立て見たいと思う」。ここではじめて「一冊の著作」ということが言われている。右に引用した『善の研究』の「序」の文章のうち、とくに注目されるのは、西田が「特に実在に関する部分を詳細に論述して」と記されている点である。当初は「実在」の問題を中心に据えた書物を西田が構想していたことをこの言葉は示している。

次に注目されるのは、一九〇八年一月三日の日記の「余は之より「実在と人生」という書をかいて見ようと思い、今日その始を考えた」という記述である。すでに記したように、その前年に西田は第四編第五章にあたる「知と愛」という文章を雑誌『精神界』に発表しているし、また一九〇八年の三月から『東亜之光』に論文「倫理学説」を連載し始めている。この段階で、「実在」についての詳細な論述から、「実在と人生」に関する書へと構想が発展したと考えてよいであろう。

この構想は、「純粋経験」に関する思想が『北辰会雑誌』に発表された論文「経験と思惟及び意思」(一九〇八年六月)のなかで具体的な形をとるにいたったことによってさらにふくらんだ。ちょうどこの論文が発表された直後に、東京大学時代の恩師であった井上哲次郎から西田に出版を勧める話があった。その話を仲介したのは、西田のかつての教え子であり、当時、雑誌『東亜之光』の世話人をしていた堀田相爾《そうじ》である。西田宛の書簡のなかで堀田は次のように記している。「井上教授より先生に願いくれと申し候事一つこれ有り候。それは先生の実在論、倫理学説、及び近日先生より井上教授の方へ御送りなされ候一文の三者を合わせて単行本となし、而して東亜叢書(東亜協会の発行にかかる)中の一巻として発行して宜しきや否やとの事にこれ有り候(10)」。具体的に叢書の名前まで挙げられていたが、この話は実現しなかった。おそらく西田に「小生が後にenlargeして一冊の著作と改め度《たい》」という心づもりがあったためと思われる。つまりこの時点で西田はすでに明確に、「宗教」の部分を含めた著作の出版を構想していたと考えられる。

『善の研究』は、このように多くの段階を経て、また長い時間をかけて成立した。そのために文章もよく推敲されているし、全体が体系的なまとまりをもっている。その点で、『善の研究』以後の、そのつど書かれた論文を集めて一書とした他の著作とは性格を大きく異にしている。他の著作が、西田の思索のプロセスをそのまま形にした途上的な性格をもつのに対し、『善の研究』は、全体の構成についての配慮がよくなされている。西田は数多くの著作を残したが、そのなかで体系的な叙述という体裁をそなえていたのは『善の研究』のみであったと言ってもよい。

西田が『善の研究』のもとになった論文を執筆していた頃の思い出を、長女の弥生が「あの頃の父」と題したエッセーのなかで書き残しているので、最後にそれに触れておきたい。当時西田は、明けても暮れても原稿に向かい、書いては捨て、捨てては書くという毎日を送り、この書の執筆に「魂を打ち込んでいた」ことが子供心にも分かったと弥生は記している。「ずいぶん推敲苦作したものの様であった」とも、また「丹念に書いた和綴の本は二冊三冊とふえた。両親は宝の様に大切にして眺めて居る。……小娘の私にも其《その》本の殖《ふ》えて行くのが楽しみになった[11]」とも記されている。この二冊三冊とふえていった草稿が『善の研究』になっていったのである。

（1）『善の研究』については岩波文庫版（二〇一二年改版）から引用した。引用文のあとにその頁数を記した。その他の文章については『西田幾多郎全集』（新版）全二十四巻（竹田篤司ほか編、岩波書店、二〇〇二―二〇〇九年）から引用し、本文中にその巻数と頁数とを記した。引用にあたっては旧漢字を新漢字に、旧仮名遣いを新仮名遣いに改めた。また読みやすさを考慮して、難読の語には振り仮名を付した。日記・書簡などで句読点が記されていない場合があるが、引用者の判断で適宜それを付した。

（2）拙著『西田幾多郎——生きることと哲学』（岩波新書、二〇〇七年）第一章「西田幾多郎という人——悲哀を貫く意志」を参照されたい。
（3）これは一九九九年に西田の長女弥生の長男上田薫から西田記念館（現在の西田幾多郎記念哲学館）に寄贈されたものである。この契約書などを手がかりに浅見洋が『善の研究』の表題をめぐって詳しい検討を行っている。浅見洋『西田幾多郎——生命と宗教に深まりゆく思索』（春風社、二〇〇九年）九一頁以下参照。
（4）下村寅太郎『西田幾多郎 人と思想』（東海大学出版会、一九六五年）の記述に従えば、これは岩波書店の社員であった布川角左衛門を介しての伝聞であったと考えられる。
（5）Josiah Royce, *Studies of Good and Evil: A Series of Essays upon Problems of Philosophy and of Life*. New York, 1898.
（6）下村寅太郎『西田幾多郎——人と思想』（東海大学出版会、一九七七年）四九頁参照。浅見洋が『西田幾多郎——生命と宗教に深まりゆく思索』（春風社、二〇〇九年）のなかでこの問題について詳しく検討し、いま述べたような説を立てている（同書九九頁参照）。
（7）この題は、西田自身が付けたものではなく、旧版の全集出版の際に、この草稿を整理した山内得立が仮に付したものである。
（8）河合良成『明治の一青年像』（講談社、一九六九年）一〇〇頁。西田から講義草稿を借りだしたのが小笠原であったのか、河合であったのか、詳しいことは分からない。『明治の一青年像』の記述からすると、小笠原が借りだしたのが「実在」について論じた部分であり、河合が借りだしたのが「倫理」について論じた部分であったかもしれない。
（9）茅野の調査などを通して「西田氏実在論及び倫理学」の存在は知られていたが、大学図書館などに所蔵されておらず、その内容を確認することができなかったが、このたび（二〇二一年六月）、この冊子が金沢大学附属図書館の駒井徳太郎文庫に収められていることが分かった。そこでは前半は「実在」と、後半は「道徳」と題されている。

（10）上田久『祖父西田幾多郎』（南窓社、一九七八年）一八三頁。

（11）西田静子・上田弥生『わが父西田幾多郎』（弘文堂書房、一九四八年）五五頁。

第2章 実在

ここから『善の研究』の内容を具体的に見ていくことにしたいが、第一編「純粋経験」からではなく、第二編「実在」から始めることにしたい。「第1章『善の研究』はどういう書物か」で記したように、『善の研究』のなかでまず成立したのがこの第二編であり、その最初に記された「考究の出立点」は、第二編だけでなく、本書全体の「考究の出立点」でもあると考えられるからである。そこから出発することによって、われわれは第一編もまたよく理解できると考える。この第二編について見たあと、その次に書かれた第三編を、そしてそれと深い関係をもつ第四編を取りあげ、最後に第一編「純粋経験」に戻ることにしたい。

もちろんそのような順序で本書の内容を見ていくことは一つの問題をはらむ。第二編の思索は、「純粋経験」の概念を前提にして展開されているからである。前章で述べたように、第一編と第二編とは相互に前提しあっている。そこには一つの循環があると言ってもよい。それは第三編・第四編についても言える。やはり「純粋経験」の概念を踏まえた上で第三編では「善」が、第四編では「宗教」が論じられている。しかしまた逆に、この第二編以降の考察を踏まえることによって、「純粋経験」の概念が十全に理解されるということも言える。第一編から始めるにしても、第二編から始めるにしても、どちらにも問題が残るが、第一編の記述には難解な箇所も多く、不十分な理解のままに読み進めていくよりも、第二編から第四編までの理解を踏まえた上で、改めて「純粋経験」とは何かを考えることも一つの方策であると考え、第二編から始めることにしたい。

1　考究の出立点――西田は何をめざしたのか

†理論と実践との密接な関係

西田が第二編の冒頭に第一章「考究の出立点」を置いたのは、この表題通り、これから考察を行うにあたって、まず最初に、この考察を行う動機や、何をめざしてそれを行うのか、その目的などについて記そうと考えたからであろう。

この第一章でまず注目したいのは、その冒頭の部分である。そこで次のように言われている。「世界はこの様なもの、人生はこの様なものという哲学的世界観および人生観と、人間はかくせねばならぬ、かかる処に安心せねばならぬという道徳宗教の実践的要求とは密接の関係を持って居る」(六三)。ここでまず「哲学的世界観および人生観」と「道徳宗教の実践的要求」とが対比されている。前者は「知識においての真理」とも言われている。こちらが知識に関わるとすれば、後者は行為や実践に関わる。

前者が人間を含め、存在するものすべてが何から成り立ち、何のために存在しているのかといった問いに答えようとするのに対し、後者は、私が（あるいは人が）どのように行動すべきか、どのようにすれば心の安定を得ることができるか、そうしたことを問題にしようとする。この二つの問題――理論と実践、知識と行動と言いかえてもよい――は普通は別のことと考えられている。知識が豊かな人が必ずしもすぐれた道徳家ではないし、実践面で高い評価を得ている人が必ずしも理論家であるわけではない。理論と実践とは違った能力によって支えられているように見える。

しかし西田は、両者は密接に結びついており、世界に対する考え方と、自分の行動や宗教についての考え方が別々のものであってはならないと言う。深く考える人は、その行動においても真摯な人でなければならない。われわれはこの二つの面が一致するように努めなければならない。そのような意味で、「元来真理は一である」（六三）と西田は述べている。

†「人工的仮定」

「哲学的世界観」と「道徳宗教の実践的要求」とがいかに一致するか、あるいはいかに一致すべきかは、『善の研究』全体の考察を通して明らかにされることになるが、さしあたって前者の問題から考察が始められている。第二編「実在」がそれであり、後者の問題を取り扱うのが第三編「善」と第四編「宗教」である。

第二編で取り扱われる問題を西田は、「天地人生の真相は如何《いか》なる者であるか、真の実在とは如何なる者なるか」（六三―六四）と表現している。存在の真の姿にせよ、人生の真の意義にせよ、われわれは往々にして表面的な理解で満足し、その真相には触れないままでいる。その真相に迫り、それが何であるかを明らかにしたいというのが、西田の『善の研究』に込めた意図だと言うことができる。

それではこの「天地人生の真相」を明らかにするという課題とどのように取り組めばよいのか、その点に関して西田は次のように述べている。「今もし真の実在を理解し、天地人生の真面目《しんめんもく》を知ろうと思うたならば、疑いうるだけ疑って、凡《すべ》ての人工的仮定を去り、疑うにももはや疑い様のない、直接の知識を本《もと》として出立せねばならぬ」（六四―六五）。

まずここで注意を引くのは、「凡ての人工的仮定を去り」という表現である。第一編第一章「純粋経験」の冒頭でも、「経験するというのは事実其儘《そのまま》に知るの意である。全く自己の細工を棄てて、事実に従うて知るのである」（一七）と言われているが、この「自己の細工を棄てる」ということと同じことがそこで言われていると考えられる。第二編第三章「実在の真景」でも「我々がまだ思惟の細工を加えない直接の実在」（七九）という言い方がされており、第一編第一章の「自己の細工を棄てる」という表現は、この箇所などを受けたものと言うことができる。

先入見の排除

「天地人生の真面目を知る」ためには、何も仮定しないで、あるいは「思惟の細工」を加えないで、事実を「事実其儘に」知らなければならない、というのが西田の考えであり、『善の研究』を通してめざしたことであったと言える。

しかし、この「自己の細工を棄てる」とか、「人工的仮定を去る」という表現にひっかかりを覚える人もいるのではないだろうか。というのも、普段、われわれは物を見るとき、(少なくとも自分の意識のなかでは)なにか「細工」をしてそれを見ているわけではないからである。自分では、対象をゆがめることなく、むしろそれをあるがままに見ていると思っている(もちろん酔っぱらって、物が二つに見えるというような経験をされた人もあると思うが、それはあくまで例外であって、そういう例外的な場合を除けば、普段はわれわれは物をあるがままに見ていると思っている。よほど特殊な場合を除けば、われわれの目の前にある机を、何も細工を加えずに、そのまま見ていると思っている)。

それにもかかわらず西田が「人工的仮定を去る」とか、「細工を棄てて」と言うのは、われわれがものを見るとき、いわば無意識のうちに、われわれのものの見方のなかに先入見が入りこんでいるという事態を指して、そのように言っているのではないかと推測される。先入見の特徴は、それが先入見であるという意識を当の人間がもっていないという点にある。権威に盲従する人間には当の権威の一面性が視野に入っていない。そのためにどこまでもその権威に従おうとする。

そのように意識にのぼることなく、われわれのものの見方のなかに深く食い込んでいる先入見を西田は問題にしようとしたと考えられる。西田が「人工的仮定」という言葉で言い表そうとしたのは、そのような先入見であったと解することができる。

†「思惟の細工」とは？

それでは、この「人工的仮定」や、我々が無意識のうちに持ち込む「思惟の細工」とは具体的に何を指すのであろうか。その点に関して西田は第一章で、「我々の常識では意識を離れて外界に物が存在し、意識の背後には心なる物があって色々の働をなす様に考えて居る」（六五）と言い表している。われわれは普通、物を見て、それが何であるか考えたり、判断したりするとき、まず、物を見たり、それが何であるかを考えたりする「私」――「意識」と言ってもよい――というものがあり、そしてその「私」、あるいは「意識」の外に物があり、この両者のあいだで、見るとか、聞くとかといった関係が成立すると考えている。

こうした考え方は一般に「主客二元論」という言葉で呼ばれる。つまり「私」という主観と、その主観が働きかける対象、つまり客観とが、それぞれ独立に存在しており、この二つのあいだでさまざまな関係が成立するという考え方である。この「主客二元論」的な考え方は、事実をそのものとして捉えたものではなく、そのような見方をするとき、そこにすでにわれわれはわれわれの「仮定」、あるいは先入見を持ち込んでしまっていると西田は考えたのである。

そしてそういう考え方は、西洋の伝統的な哲学のなかに深く入り込んでおり、それを取り除かなければ、ものの真のあり方を把握することはできない、というように西田は主張するのである。その観点から言えば、西田の『善の研究』は、西洋哲学のなかに入り込んでいるものの考え方を根本のところから吟味し直すという意図から出発したものであったと言うことができる。

†徹底的懐疑――デカルトと西田

さて、もう一度、先ほど引用した「今もし真の実在を理解し、天地人生の真面目を知ろうと思うたならば、疑いうるだけ疑って、凡ての人工的仮定を去り、疑うにももはや疑い様のない、直接の知識を本として出立せねばならぬ」という文章に立ち返ってみたい。「天地人生の真相」、つまり自然や人間の真のあり方やあるべき姿を探究するためには、「疑いうるだけ疑う」、つまり、すべての事柄について、それが本当に真であるかどうかを吟味しなければならないということがここで言われている。

要するに、われわれのものの見方、世界観や道徳観のなかには、われわれが十分に検討しないで、あるいは無意識のうちにもち込んでしまった先入見が存在する可能性がある。したがってそれを吟味の俎上に載せ、もし先入見が入り込んでいれば、それらをすべて取り除かなければならない。そうしなければ、われわれは物を物として、実在を実在として把握することができないと西田は考えたのである。

このようにすべてのことを徹底して疑うということ、つまり徹底的な懐疑ということを西田が言うとき、そこで意識されていたのは、言うまでもなく、十七世紀のフランスを代表する哲学者ルネ・デカルト（René Descartes, 1596–1650）の哲学、そしてその方法論であった。デカルトは自らのとった方法を、「すべてのものを疑うべし」（De omnibus dubitandum）という言葉で表現している。

それを徹底して行うことによって、つまり、徹底的な懐疑を遂行することによって、デカルトが最終的に見いだした結論が、「『余は考う故に余在り』cogito ergo sum」(六七)という命題であった。この文章で言われている"cogito"、つまり「考える」というのは、実際には「疑う」ということを意味していた。デカルトにとって、徹底的な懐疑こそが真理に至るための必須の道、必須の方法であった。西田はこの方法を採用したのである。そういう意味で、西田の思索の歩みはデカルトとともに始められたと言ってもよい。

†デカルトの『方法序説』

デカルトがこの徹底的な懐疑を哲学の方法として主張したのは、『方法序説』(*Discours de la méthode*, 1637)などの著作においてであった。デカルトが、哲学の方法として「すべてのものを疑うべし」という方針を取ったのは、当時、伝統的なものの考え方に反対して、懐疑論がさかんに主張されていたからである。懐疑論というのは、人間の知識は不確かなものであり、人間は決して絶対確実な知識をもつことができないという考え方のことを指す。デカルトは、当時のこういう風潮を踏まえて、あえて「すべてのものを疑う」ということをしたのである。しかし、懐疑論者のようにただ疑うために疑うというのではなく、あくまで学問の確実な基礎を見いだすために徹底的に疑うというのが、デカルトの取った方法であった。そういう意味でデカルトはこの自らの徹底的な懐疑を、「方法的懐疑」

て「懐疑」(doute méthodique) という言葉で呼んでいる。あくまで、真理を発見するための方法として「懐疑」を考えていたのである。

デカルトは『方法序説』において、感覚や推論など、普通まちがいがないとされるものにも疑わしさが残ることを指摘したあと、「このようにすべてを偽であると考えようとしている間も、そう考えているこの私は必然的に何ものかでなければならないことに気がついた。そして、「私は考える、ゆえに私はある」というこの真理はたいそう堅固で確実であって、懐疑論者のどんな法外な想定をもってしても揺るがしえないと認めたので、私はこの真理を私が求めていた哲学の第一原理として、ためらうことなく受け取ることができると判断した(1)」と記している。われわれは懐疑論者のように、あらゆるものを疑うことができるが、しかし、疑っている私自身の存在は疑うことができない。その意味で、この私の存在こそがすべての確実な知の基礎にあるということをデカルトは主張したのである。

†デカルトと西田の違い

西田もデカルトと同様に、『善の研究』において、確実な真理を見いだすために「疑いうるだけ疑う」ということをした。しかし、この徹底的な懐疑の結果得た結論は、デカルトのそれとは同じではなかった。

いま述べたように、デカルトが得た結論は、他のすべてのものが虚偽の可能性をはらむとしても、「私」の存在だけは確実であるというものであった。それに対して西田が出した結論は、「さらば疑うにも疑い様のない直接の知識とは何であるか。そはただ我々の直覚的経験の事実即ち意識現象についての知識あるのみである」（六六）というものであった。何かを見たり、それについて疑ったり、考えたりしている「私」ではなく、その何かを見たり、それについて疑ったり、考えたりしていることそのもの、その直接的な経験、つまり「意識現象」の直接的な知識こそが、疑いを差しはさむことのできない、絶対に確実なものだというのが西田の考えであった。この直接的経験から二次的に導きだされたもの、たとえばそこに一つの物体、椅子や机があるとか、あるいは逆に、それを見ている「私」が存在しているということに対しては、それが本当かどうか、疑うことができる。しかし、そういう二次的な考察が加えられる以前の「直接的な経験」そのものについては、真か偽か疑うことはできない、というのである。

それに対して、物はやはり物としてある。われわれが見ようが見まいが、机は机としてある。そしてそれを見たとき、われわれはそれを机として判断するのだと、反論する人もいるにちがいない。そういう疑問を想定して、西田は、「しかし物心の独立的存在などいうことは我々の思惟の要求に由りて仮定したまでで、いくらも疑えば疑いうる余地があるのである」(六五)と述べている。カントの「物自体」論が示すように(六七)、われわれはわれわれの意識を離れて物それ自体を、あるいは心そのものを知る手段をもたないからである。はたしてそれらが独立したものとして存在しているのかどうかを示す確実な手段をわれわれはもたないのである。

†意識現象こそ唯一の実在

われわれにとって直接に確実な知識というのは、われわれがいまじかに経験していること以外にはないというのが西田の考えであった。第二章「意識現象が唯一の実在である」の冒頭で西田は、「少しの仮定も置かない直接の知識に基づいて見れば、実在とはただ我々の意識現象即ち直接経験の事実あるのみである」(七一)と記している。この点をもっと詳しく論じる必要があると考えて、西田は『北辰会雑誌』に発表された論文「経験と思惟及び意思」の執筆に着手したのではないだろうか。そしてそれが『哲学雑誌』に発表された「純粋経験と思惟、意志、及び知的直観」に、そして『善の研究』につながっていったのである。

このわれわれの意識現象、あるいは直接経験の事実こそが実在であるという主張に対しては、次のような疑問が出されるかもしれない。われわれの意識はつねに変化し、移ろっていくあやふやなものである。それを実在と言うことはできない、むしろわれわれの意識とは関わりなく存在している物体こそが実在ではないかという反論である。それに対しては、西田は、「我々は意識現象と物体現象と二種の経験的事実があるように考えて居るが、その実はただ一種あるのみである。即ち意識現象あるのみである」(七二)と述べている。

そもそも一方に物体現象、つまり、われわれの意識とはまったく関係なく、物が動いたり、形を変えたりするということがあり、他方に、われわれがその物体の運動や変化を自分の心のなかで意識しているということがあるという考え方は、われわれの直接的な意識現象から、言わば派生的に考えられたものにすぎない。われわれが具体的に経験しているのは、たとえば、一つのリンゴがつややかな赤色をし、かぐわしいリンゴ独特の香りがし、おいしそうに見えるという出来事そのものである。そこから赤色や匂い、そしておいしそうだというわれわれの思いをすべて取り去ったところに残るものが、物体としてのリンゴになる。それはわれわれの経験から二次的に考えられたものにすぎない。西田の理解では、意識現象から切り離された「物其者《そのもの》」というのは「我々の思惟の要求に由って想像した」(七二)ものであり、それを真の実在と言うことはできない。そのように主観と客観に分けられる以前のもの、「意識現象とも物体現象とも名づけられない者」(七三)こそが真の実在なのである。

†「自然」と「精神」

確かに西田は第二編の第八章で「自然」について、第九章で「精神」について語っている。しかしそれらは、われわれの意識の働きから独立して自然が客観的実在として存在しているという前提、さらに、この自然から独立してわれわれの意識の働きの主体――ここでは「精神」と呼ばれている――が一つの実体として存在しているという前提に立って論じられているのではない。

いま言った意味での自然、自然科学者が問題にするような自然は、具体的な意識現象から、それを統一づけている主観的側面をすべて取り除いたものであり、「最抽象的なる者即ち最も実在の真景を遠ざかった者」(一一〇)であるというのが西田の考えであった。「精神」も多くの場合、客観的な存在とは性質を異にする単なる主観的な働きと考えられているが、それもまた一面的な理解に基づく。「精神」は統一されるものから区別された単なる統一作用ではない。統一するものと統一されるもの、両者は本来は一体である。そのことを西田は具体的な例を挙げて、次のように言い表している。「我々が物を知るということは、自己が物と一致するというにすぎない。花を見た時は即ち自己が花となって居るのである」(一二四―一二五)。

そこで注意する必要があるのは、西田が科学的なものの見方それ自体を否定しているわけではないという点である。第八章「自然」で銅像の例が挙げられているが、銅像を銅像として見るという直接経験の事実と、それを無数の銅の原子からなるものと説明することとは、決して衝突しないというのが西田の考えであった。むしろ「かえって両者相俟って完全なる自然の説明ができるのである」(一一四)と述べている。

しかし、銅像が銅像である所以は、それが銅の原子からなる点にではなく、芸術家がそこに芸術的な「理想」を表現しているところに、そして鑑賞者がその理想に心動かされるところにある、「主客を具したる意識の具体的事実」(一一六)こそが「真実在」であるというのが西田の考えであった。「自然の本体はやはり未だ主客の分れざる直接経験の事実である」(一一〇)とも述べている。

†直接経験の所有者としての「私」?

われわれの意識現象、あるいは直接経験の事実こそが実在であるという主張に対しては、もう一つ、次のような疑問が出されるかもしれない。われわれの意識の働きは秩序や連関をもたない孤立したものではなく、そこにはつねに統一性がある。それはこの意識の働きの所有者、つまり「私」というものが存在しているからではないか、という疑問である。

これも西田が予想していた疑問であった。それに対して西田は次にように答えている。「意識は必ず誰かの意識でなければならぬというのは、単に意識には必ず統一がなければならぬというの意にすぎない。もしこれ以上に所有者がなければならぬとの考ならば、それは明《あきらか》に独断である」(七四)。

デカルトの場合には、疑わしいものをすべて排除していくという徹底した懐疑を遂行したあと、そこから翻って、すべてのものを疑っている「私」に目が向けなおされた。デカルトの懐疑には、その意識の働きの「所有者」である「私」がつねに伴っていたのである。しかし西田の考えでは、このすべての意識の働きに伴っていると考えられた「私」は、われわれの意識の働きをあとから見直してはじめて考えだされたものであった。それをはじめから存在していたと考えるのは「独断」にすぎないと西田は言うのである[2]。

デカルトの場合には、疑う「私」と疑われる「対象」とを前提にして、すべての懐疑が遂行されていったのであるが、西田はこの前提そのものに懐疑の目を向けたのである。そしてこの疑う「私」と疑われる「対象」という主客二元論的な思索の枠組み自体をも取り除こうとしたのである。そのときに残るのは、ただ純粋な、直接的な経験のみであるというのが、西田がここで導きだした結論である。そこでは「誰かの」という所有者のことは問題にならない。ただ直接的な経験の事実があるのみである（『善の研究』「序」の「個人あって経験あるにあらず、経験あって個人あるのである」（六）という言葉は、このことを端的に示したものと言うことができる）。この直接的な経験の事実こそが、われわれがそこから出発すべき「直接の知識」であることを西田は主張したのである。それは実在を理解するための出発点であるだけでなく、むしろそれ自身がまさに「真の実在」である。それ以外に、いかなる意味においても疑うことのできない真にあるものを認めることができないからである。

2 「実在の真景」

†主客の対立以前

以上で述べたように、われわれが直接に経験しているものこそ真の実在であるというのが、『善の研究』における西田の基本の考えであった。その真の実在、つまり「純粋経験」が具体的にどのようなものであるのかを、西田は第二編第三章「実在の真景」において論じている。

その冒頭で、「真に純粋経験の事実というのは如何なる者であるか」という問いを立て、それに対して「この時にはまだ主客の対立なく、知情意の分離なく、単に独立自全の純活動あるのみである」（七九）と説明を加えている。つまり、「純粋経験」について、①主客の対立がない、②知情意の分離がない、③独立自全の純活動である、という三つの点が指摘されている。

「主客の対立がない」という点については、前節「1　考究の出立点――西田は何をめざしたのか」のなかですでにおおよそのところを見た。「純粋経験」とは、「思惟の要求」によって「私」という主観と、その主観が働きかける対象、つまり客観とが分けられる以前の事実そのものを指す。そこにはまだ、つまり「思惟の細工」が加えられる以前には、「見る主観もなければ見らるる客観もない」（八一）。見るものと見られるものとの対立はないのである。

この主客が対置される以前の事実そのもの――「実在の真景」――がどういうものであるかを、西田は分かりやすい例で示している。「恰《あたか》も我々が美妙なる音楽に心を奪われ、物我相忘れ、天地ただ嚠喨《りゆうりよう》たる一楽声のみなるが如く、この刹那《せつな》いわゆる真実在が現前して居る」（八一）。たとえばよく澄んで美しく響くピアノの音に魅了され、すべてのことを忘れて聞き入るような状態が、「純粋経験」の一つの典型的な例である。そこでは聞く「私」と聞かれるピアノの音とは分離していない。

もちろんそこでも、さまざまな思いや考えがわき起こってくることがある。しかし、そのとき純粋な経験はもはやわれわれの手元にはない。そのことを西田は次のように言い表している。「これを〔先ほどの「天地ただ嚠喨たる一楽声」のこと〕空気の振動であるとか、自分がこれを聴いて居るとかいう考は、我々がこの実在の真景を離れて反省し思惟するに由って起ってくるので、この時我々は已《すで》に真実在を離れて居るのである」（八二）。ピアノの響きを——たとえば物理学者や生理学者がするように——空気の振動として説明してみたり、その結果として聴覚神経が刺激されることによってピアノの音が知覚されるのだと説明したりすると同時に、私を魅了していた楽曲の美しさ、そのリアリティは失われてしまう。そこでは「実在の真景」はわれわれから遠ざかってしまっている。あくまで主と客とが別れずに一体となり、ピアノの調べだけが響き渡っているときに真実在は現前していると考えられるのである。

†知情意の合一

先ほど「純粋経験」の特徴として「知情意の分離がない」という点を挙げたが、知情意というのは言うまでもなく人間の精神活動を支えている知性と感情と意志とを指す。そのように分けて説明することが一般に行われているが、西田はそれを便宜的なものとみなしている。たとえば次のように述べている。「元来我々の意識現象を知情意と分つのは学問上の便宜に由るので、実地においては三種の現象あるのではなく、意識現象は凡てこの方面を具備しているのである（例えば学問的研究の如く純知的作用といっても、決して情意を離れて存在することはできぬ）」（八〇）。

われわれが意識の働きを知性的な側面と感情的な側面と意志的な側面の三つに分けるのは、その方が実際生活においても、また学問的探究においても便利だからであって、われわれの意識の働き自体が三つに分けられているわけではない。むしろわれわれの意識現象はこの三つの側面をすべて具備しているというのが西田の考えであった。

†ありの儘が真である昼の光景

この知情意の三つの側面を具備した経験が具体的にどういうものであるかを考える上で格好の手がかりになるのは、『善の研究』が改版された際の序文「版を新にするに当って」のなかの言葉である。そこで西田は、ドイツの哲学者であり、心理学者であったグスタフ・フェヒナー（Gustav Fechner, 1801–1887）の『夜の光景に対する昼の光景』（*Die Tagesansicht gegenüber der Nachtansicht*, 1879）という本のなかの表現に依りながら、次のように述べている。「フェヒネルは或る朝ライプチヒのローゼンタール〔ライプチヒの町中にある広大な

グスタフ・フェヒナー

森林公園)の腰掛に休らいながら、日麗《うららか》に花薫《かお》り鳥歌い蝶舞う春の牧場を眺め、色もなく音もなき自然科学的な夜の光景に反して、ありの儘が真である昼の光景に耽《ふけ》ったと自ら云って居る」(一〇)。

「色もなく音もなき自然科学的な夜の光景」というのは、先ほど言った、外部の客観的な世界と内部の主観的で派生的な世界を対置する立場に映る世界のことであり、それに対して「ありの儘が真である昼の光景」というのは、「純粋経験」の立場、そこに現前する「実在の真景」を指す。

われわれは多くの場合、人間の知情意という三つの精神活動を区別するだけでなく、その三つのうち、「知」をもっとも重視して、それをわれわれの精神活動の中心に置く。「知」こそが、われわれが対象にしている物が何であるかを知る上で、もっとも重要な働きをしてくれるからである。その場合「情」と「意」とは、言わば、それに付随する活動であるとされる。たとえば一つの花を見たとき、それが何という名前の花であるか、どの季節に咲く花か、私たちの健康に役立つ成分を含んでいるか、といったことを教えてくれるのは「知」である。またその花が無数の細胞からできているとか、細胞のなかには核や、葉緑素などの色素体やミトコンドリアがあるといったことを教えてくれるのも「知」である。その「知」がわれわれにもたらしてくれるものは多い。

†純物体

しかし、西田は、われわれは「知」の働きだけで物事を認識しているのではないと言う。「事実上の花は決して理学者のいう様な純物体的の花ではない、色や形や香をそなえた美にして愛すべき花である」（八一）と述べている。「純物体」というのは、われわれが経験しているものから「情」と「意」の部分をすべて取り除き、単に「知」の対象としてみるとともに、それを細かく分析し、たとえば原子やクオークの集まりとして説明するときに、そこに見いだされるものを指す。われわれが実際に経験しているものは、この「純物体」ではなく、「生々たる色と形とを具《そな》えた」（一一〇）ものであり、「美にして愛すべき」ものである。それが広がる世界が「昼の光景」にほかならない。

それは単なる知覚の、そして知識の対象ではなく、われわれに潤いややすらぎを与えるものである。そういう観点から西田は、物は知だけではなく、「情意より成り立った者」（八二）であると言う。この知と情と意とが一体になったもののなかに物のリアリティがあると言うのである。それを「純物体」に還元することによって、われわれは実在に近づくのではなく、むしろそれから離れてしまうのである。先ほども言ったように、西田は科学的なものの見方を否定したわけではなく、その重要性を認めている。しかしそれはどこまでも二次的なものだと考えたのである。

†ハイネの「金の鋲」

われわれの具体的な経験のなかでいかに情と意の側面が重要な役割を果たしているかを言うために西田はハイネの詩に言及している。「ハイネが静夜の星を仰いで蒼空《そうくう》における金の鋲《びょう》といったが、天文学者はこれを詩人の囈語《げいご》として一笑に附するのであろうが、星の真相はかえってこの一句の中に現われて居るかも知れない」(八一)。「金の鋲」というのは、『北海』という詩集に収められた「夜の船室にて」(Nachts in der Kajüte) という詩のなかに出てくる表現である。そのなかに次のような一節がある。「天上の星は固く留められている/金の鋲によって/憧れも、嘆息もむなしい/寝入ることこそ最善なり」。

このようにハイネが夜空の星を「金の鋲」にたとえたことを例に挙げながら、西田は「真実在は知情意を一にしたものである」(八一)とも、「我々の世は我々の情意を本《もと》として組み立てられ」ている(八二)とも述べている。たとえばペンを前にしたとき、われわれはそれをただ単に知的な対象として見るのではなく、その色や形からある印象を、たとえば丸みを帯びて手になじみやすそうだといった印象を受け取りながら、またそれをぜひ使ってみたいという意欲を刺激されながら見る。あるいは音楽を聴く場合、われわれはそれを単なる音の連続としてではなく、つねに自分の感情の世界のなかに引き入れながら聴いている。音楽に聴き入っていて、気がついたら涙を流していたという経験をされた人も案外いるのではないだろうか。「情意を本として」という西田の言葉が示すように、われわれの具体的な生活のなかでは知よりも情意が、あるいは少なくとも、知とともに情意が重要な意味をもっていると言えるのではないだろうか。

†情意を除き去った抽象物の世界

もしわれわれの経験、「意識現象」から感情や意志の側面を除き去れば、そこに残されるのは、われわれの具体的な世界から遠く離れた抽象物の世界でしかないと西田は考えた。その点を次のように言い表している。「もしこの現実界から我々の情意を除き去ったならば、もはや具体的の事実ではなく、単に抽象的概念となる。物理学者のいう如き世界は、幅なき線、厚さなき平面と同じく、実際に存在するものではない。この点より見て、学者よりも芸術家の方が実在の真相に達して居る」(八二)。

数学のなかでは直線は幅のない線、幅をもたず、無限にまっすぐに延びた線と定義されるが、実際の経験のなかでは、幅のない線というものは存在しない。ただ定義のなかだけで、あるいは概念のなかだけで存在するにすぎない（もちろんそのように定義することは、数学という学問を成り立たせるために大きな意味をもっているが）。物理学者の言う「純物体」も実際の経験のなかには存在しない。

すべてをそのような幅のない線とか、純物体といった抽象的な概念に還元してしまう学者よりも、知情意が一体になった経験をそのままに表現する芸術家の方が、現実の姿をよく捉えていると西田は言うのである。たとえば「線の画家」とも呼ばれるフランスの画家ベルナール・ビュフェ（Bernard Buffet, 1928-1999）の絵画のなかの線にこそ、「実在の真相」が描きだされていると言えるのかもしれない。

†情意の個性と客観性

われわれの経験において情意が重要な意味を担っているという主張に対して、ここでも次のような疑問が呈されるかもしれない。物事を受け取る受け取り方は人それぞれで大きく違う。それをもとに考えれば、われわれは統一した世界像をもつことができないのではないかという疑問である。

たとえば同じコインを見ても、真上から見るか、斜め横から見るか、真横から見るかでその見え方は異なる。太陽の下で見るか、暗闇で見るかでもその見え方は大きく違ってくる。同じ花を見ても、美しいと感じる人もいれば、何の関心も示さない人もいる。たしかにそうであるが、まさにそこに実在の現前があると西田は言うのである。同じ牛であっても、それを農夫が見るか、動物学者が見るか、画家が見るかで、まったく違った心象を残していているはずだと述べている。われわれの見るもの、聞くものはすべて「我々の個性」(八二)を含んでいるとも主張している。知情意が一つになっているがゆえに、われわれの経験はすべて、われわれ自身の「個性」の発露でもあるのである。

そのように言えると同時に、「情意」もまた「客観的根拠」をもつとも、「超個人的要素」(八三)を含むとも述べている。ものがわれわれの「情意」に対してある種の強制力をもつと言ってもよいかもしれない。雪を頂いた峻険な山を前にしたとき、ほとんどすべての人がその厳かさに打たれるのではないだろうか。もちろんわれわれは同じものを見て、つねに同じ感情をいだくわけではない。先ほどの例で言えば、誰しもがハイネのように夜空の星を「金の鋲」として受け取るわけではない。しかしたとえハイネと同じ感性を持たないとしても、少なくとも、その受け取り方を理解し、共感をいだくことはできる。夜空の星が、そのような見方に共感を覚えさせる「力」をもっているからだと言えるであろう。

第三章の最後の段落で西田は、雷電のなかにゼウスの怒りを感じとり、小鳥の鳴き声のなかに悲劇の女性ピロメーラの嘆きを聞いた古代ギリシアの人々にとっては、自然はすべて情意からなる「生きた自然」であったことを述べている。そこにこそ実在が現前しているというのが西田の理解であった。「今日の美術、宗教、哲学、みなこの真意を現わさんと努めて居るのである」(八四)という言葉でこの段落を締めくくっている。西田が芸術や宗教、哲学をどのように理解していたかをよく示す言葉であると言えるであろう。

3 真実在の形式

†真実在は同一の形式をもつ

先に、第二編第三章「実在の真景」の冒頭で西田が「純粋経験」を「独立自全の純活動」と見なしているのを見た。その点についてここで考えてみたい。「純粋経験」は他のものの影響を受けて変化し、発展していくのではなく、それ自身独立して、それ自体として成立し、発展していくものだというのが西田の理解であった。そしてその発展はすべて「同一の形式」をもつと言われている。それを西田は第二編第四章「真実在は常に同一の形式を有って居る」において次のように言い表している。「先《ま》ず全体が含蓄的 implicit に現われる、それよりその内容が分化発展する、而《しか》してこの分化発展が終った時実在の全体が実現せられ完成せられるのである。一言にていえば、一つの者が自分自身にて発展完成するのである」（八五―八六）。

①まず最初に、すべてのものを含蓄的に（まだ具体化されない形で）内包する全体が現れる、②つづいて、この含蓄的であった中身が「分化発展する」、③その分化発展が終わって「全体が実現せられ完成される」。要するに、最初、萌芽のような形を取っていたものが芽を出し、花を咲かせ、実を付けて、最初可能性でしかなかったものが具体的な形を取るに至る、この形式をすべての「純粋経験」はもつというのである。

†ジェームズの「意識の流れ」

われわれの経験がこのような形式によって成り立っているということを言うとき、西田がアメリカの代表的な心理学者であり、哲学者であったウィリアム・ジェームズ（William James, 1842-1910）の『心理学原理』（*The Principles of Psychology*, 1890）を手がかりにしていたことがこの第四章の記述から分かる。西田は第四高等学校で「心理」という科目を担当していたこともあり、このジェームズの本を詳しく読んでいたと考えられる。

ウィリアム・ジェームズ

具体的には次のように述べている。「ジェームスが「意識の流れ」〔『心理学原理』Chapter IX. Stream of Thought〕においていった様に、凡《すべ》て意識は右の如き形式をなして居る。例えば一文章を意識の上に想起するとせよ、その主語が意識上に現われた時已《すで》に全文章を暗に含んで居る。ただし客語が現われて来る時その内容が発展実現せらるるのである」（八六）。

具体的な例を挙げて考えてみたい。たとえば村上春樹の『ノルウェイの森』の書き出しを思い出そうとして、「僕は」と言ったとき、それは単なる「ぼーくーは」という音でも、単なる一人称単数の代名詞としての「僕」でもなく、「僕は三十七歳で、そのときボーイング747のシートに座っていた」という文章全体を含んだ「僕は」であると言うことができる。その文章全体が実際に言葉で表現されたとき、最初「含蓄的implicit」に含まれていたものが、それ自身を具体化し、それが何であるかを示すのである。西田は「純粋経験」はこのような形式をもつと考えていたと言ってよいであろう。

†「統一的或る者」

西田はこの最初すべてを未展開の形で内包する全体を「統一的或る者」という言葉でも表現している。耳慣れない表現であるが、いまの引用文に即して言えば、全文章を暗に含んだ主語がそれである。この「統一的或る者」が発展し、完成するプロセスを西田は、たとえば何かを実現したいという目的をもち、それを実現していく意志的な活動のなかに見ている。しかしそれだけではない。知覚や衝動も同じ過程を踏むと言う。知覚もただ単なる受動的な働きではなく、そこには過去の経験を通して獲得され、記憶のなかに蓄えられた知恵が関与しているからである。この受動的なものと能動的なものが一体になり、そこから具体的な知覚像が成立していくのである。

西田はわれわれの知覚や思惟の働きだけでなく、さらに物のなかにもこの「統一的或る者」を見ている。第二編第八章「自然」のなかで次のように述べている。「我々は愛する花を見、また親しき動物を見て、直《ただち》に全体において統一的或る者を捕捉するのである。これがその物の自己、その物の本体である。美術家は斯《かく》の如き直覚の最もすぐれた人である。彼らは一見、物の真相を看破して統一的或る物《ママ》を捕捉するのである。彼らの現わす所の者は表面の事実ではなく、深く物の根柢に潜める不変の本体である」（一一五）。この「不変

ピカソ「ドラ・マールの肖像」（『岩波世界の巨匠　ピカソ』より）

の本体」によって、たとえば一本の木の枝葉根幹は、ばらばらになることなく、調和して全体の成長に寄与するのである。枝葉根幹がなければ木は存在しないが、その「本体」があるからこそ、枝葉根幹も枝葉根幹でありうるのである。ここでは西田は、物のうちにあって、無意識のうちに働き、全体の成長、発展を可能にしているものを「統一的或る者」と呼んでいる。

いまの引用で「統一的或る者」を捕捉するすぐれた能力をもった人として芸術家が挙げられているが、たとえばピカソの「ドラ・マールの肖像」（ピカソ美術館蔵）と題された絵を手がかりに考えてみたい。正面を見ているのか、横を見ているのか分からない不思議な顔が描かれているが、外から捉えられた人の姿の背後にある人物の内面が、あるいは人物そのものが直観的に捉えられ、この「物の根柢に潜める不変の本体」が描かれているように思われる。そこでは写真では捉えられない物の本体に迫り、それを表現する絵画独自の力が発揮されていると言えるのではないだろうか。

†「統一的或る者」と自然・精神

さらに西田は、この物の根底にあってそれを統一づけている「統一的或る者」と、われわれの思惟や意志という働きの根底にある「統一的或る者」とは別のものではなく、同一であるとも考えている。

先に「我々は意識現象と物体現象と二種の経験的事実があるように考えて居るが、その実はただ一種あるのみである。即ち意識現象あるのみである」（七二）という言葉を引用したが、「純粋経験」の立場からは、そもそも物体現象と精神現象を区別することができないというのが西田の理解であった。「実在の真景においては主観、客観、精神、物体の区別はない」（一一九）。この主観・客観の区別のない「意識現象」からそれを統一づけている「統一作用」を抽象したときに、そこに考えられるのが「精神」であり、「統一せらる」ものが独立したものとしていわゆる「客観」として立てられたときに、そこに見いだされるのが「自然」である。

この二次的に考えられた物体現象と精神現象を統一づけていると考えられるものは、同一の「統一的或る者」なのである。そのことを西田は第二編第五章「真実在の根本的方式」で「我々の思惟意志の根柢における統一力と宇宙現象の根柢における統一力とは直《ただち》に同一である」（九二）と表現している。

†宇宙万象全体を統一する力

「統一的或る者」とは、われわれの意識の働きを統一するものであるとともに、物の根底にあってそれを統一づけているものでもあるが、西田はそれをさらにより大きな視点からも見ている。第七章「実在の分化発展」の冒頭で次のように言われている。「意識を離れて世界ありという考より見れば、万物は個々独立に存在するものということができるかも知らぬが、意識現象が唯一の実在であるという考より見れば、宇宙万象の根柢には唯一の統一力あり、万物は同一の実在の発現したものといわねばならぬ」（一〇三）。ここでは「統一的或る者」は、個々の意識の働きや物に限定せず、すべてを貫くもの、すなわち、「宇宙万象の根柢」にある「唯一の統一力」として理解されている。われわれが経験するすべての出来事は、この「唯一の統一力」が発現したもの、具体化したものであるというのである。

その統一力は、第九章「精神」での言い方によれば、一方では「大なる深き精神」という性格を有する。しかし単なる主観的なものではない。「大なる深き精神は宇宙の真理に合したる宇宙の活動其者である」（一二六）と言われている。「統一的或る者」とは、「大なる深き精神」であると同時に、「宇宙の活動其者」でもあるのである。

†物心の働きを成立させる理

この「統一的或る者」を西田は第六章「唯一実在」では「理」という言葉で言い表している。しばしば人はすべての存在を貫く「一定不変の理」があると言うが、それは単に存在を、あるいは宇宙を統一づける原理であるのではない。「この理とは万物の統一力であって兼ねてまた意識内面の統一力である、理は物や心に由って所持せられるのではなく、理が物心を成立せしむるのである」（一〇〇）。万物の発展やわれわれの意識の働きの根底にはその全体を統一するものがあり、それが「理」なのである。そしてこのそれ自体は変わることなくありつづけている「理」こそが、すべてのものの活動を支えているのである。

西田によれば、われわれはこの「理」を意識の対象として見ることはできない。「我々はこれになりきりこれに即して働くことができる」（一〇〇）にすぎない。同様に、万物もまたこの「理」にしたがって働くことができるのみである。同一の「理」がわれわれの思惟や意志を貫いて、そして自然を貫いて働くのである。だからこそわれわれは「自己の中にある理に由って宇宙成立の原理を理会する」（一〇二）こともできるのである。

われわれはこの「理」を一つの対象として把握することはできないが、しかしそれは

「我々の意識と何らの関係のない不可知的或る者」(一一六)なのではない。それ自体がわれわれの意識の働きを統一するものとしてわれわれのなかで働いているのである。この統一する力が豊かになれば、つまり、「我々の理想および情意が深遠博大」となれば、それにしたがって「いよいよ自然の真意義を理会することができる」(一一六)ようになる。

西田はすぐれた芸術家はこの「統一的或る者」を直ちに、そしてその全体において捉える力をもつと言うが、われわれもまたそれをもたないわけではない。われわれもまた、自らのなかにある統一力を深く大きなものにすれば、物事の本質に迫ることができる。そのことによって、われわれの周りにあるものも単なる乾燥した物体の集まりとしてではなく、その豊かな内実をもったものとして立ち現れ、われわれの生活を豊かにしてくれるのである。

†実在としての神

先ほど「統一的或る者」は「大なる深き精神」であると同時に、「宇宙の活動其者」でもあると言ったが、実在とは、この両面を具えた「統一的或る者」のことであるということができる。ただそれのみが実在だと言ってもよい。そのことを西田は第一〇章「実在としての神」のなかで、「宇宙にはただ一つの実在のみ存在するのである」(一二八)と言い表している。西田の実在についての理解は、花の色を見、鳥の声を聞くといった、われわれの一つひとつの直接経験の事実からはじまって、ここにまで及んでいる。

さらに次のようにも言われている。「この唯一実在は……独立自全なる無限の活動である。この無限なる活動の根本をば我々はこれを神と名づけるのである。神とは決してこの実在の外に超越せる者ではない、実在の根柢が直《ただち》に神である、主観客観の区別を没し、精神と自然とを合一した者が神である」(一二八)。宇宙の活動全体が一つのまとまった活動であり、それこそが唯一の実在であるということが言われるとともに、その根底にあるのが神であるとも、あるいはこの実在そのものが神であるとも言われている。

この第十章「実在としての神」での神についての理解は、第四編「宗教」において改めて詳しく論じられており、それについては本書「第4章　宗教」において検討を加えたい。ここでは西田の実在についての理解が、この神にまで及んでいることに注意しておきたい。

「第1章『善の研究』はどういう書物か」において見たように、西田は『善の研究』の「序」で宗教について「哲学の終結と考えて居る」と言うが、宗教が「哲学の終結」と言われる理由の一つはここにあると言ってよいであろう。

4　統一と差別

†「一なると共に多、多なると共に一」

実在とは何か、その「形式」ないし「根本的方式」は何かということを、とくに「統一的或る者」に注目して見てきたが、この実在の「形式」について西田は統一的側面だけでなく、同時に「差別」が重要な意味をもつことを強調している。この点も、西田の実在についての理解においてきわめて重要な点である。

すでに見たように、実在とは、最初萌芽の形で内包していたものが、それ自身を具体化し、展開することによって自己自身を実現していく全体にほかならないが、この過程は統一的なものがそのまま実現されていく過程ではなく、「分化発展」の過程である。つまり、そこでは「種々の差別」(八五)が生みだされていく。

第五章「新実在の根本的方式」において西田は次のように述べている。「実在の根本的方式は一なると共に多、多なると共に一、平等の中に差別を具し、差別の中に平等を具するのである。而してこの二方面は離すことのできないものであるから、つまり一つの者の自家発展ということができる」（九三―九四）。発展のプロセスを全体として見れば「一」であるが、その発展のそれぞれの段階では、「対立や矛盾」が数多く見られる。しかし、それらもあくまで全体の「一」のなかの一局面であり、それらが合わさって「一」を構成している。先ほど挙げた樹木の例で言えば、枝や葉、根は互いに対立しあっている。しかしそれぞれがその機能を果たすことによって、全体として「木」が成長していく。すべての部分が「木」という「一」を成り立たしめているのである。「一なると共に多、多なると共に一」、あるいは「平等であると同時に差別、差別であると同時に平等」という表現は、この二つの側面を同時に言い表している。

†平等と差別

平等と差別という言い方は、仏教に関係している。仏教では、物事のあり方が真理の立場から見ればすべて同一であることを「平等」と表現し、それの一時的な現れ・現象に注目すると、それぞれのものがそれぞれの独自の姿をもって存在していることを「差別《しゃべつ》」と表現する。物事の真のあり方を仏教ではたとえば「真如」と表現する。「如」とも「如如」とも言うが、物事の本来のあり方、真実で永遠のあり方を指す。そこではすべてのものは同一であると言われる。しかしそれがこの現実の世界では、さまざまな差別・区別をもって現れてくる。その状態を「差別」と表現するのである。

仏についても、それは本来は色も形ももたない真理そのもの――法身《ほっしん》と呼ばれる――であるが、衆生を救済するためにさまざまな形を取って現れると言われる――こちらは報身《ほうじん》とか応身《おうじん》と呼ばれる――。

しかし重要なのは、仏教ではこの平等と差別とを切り離して考えないで、むしろ差別はその本来のあり方では平等であり、平等もそれが具体的な形を取るときには区別をはらむと考えられている点である。「差別即平等」「平等即差別」というように、両者は一体のものとして捉えられている。西田が「実在の根本的方式は……平等の中に差別を具し、差別の中に平等を具する」と言うときにも、そのことが踏まえられている。

†「自己」から「世界」へ

第五章において、「真実在の根本的方式」が、「一なると共に多、多なると共に一」という言葉で表現されるのであるが、この理解は『善の研究』に見られるだけでなく、西田の後期の思想のなかでも維持されている。

西田の中期から後期にかけての思索のなかでとくに注目されるのは、その関心が、大きく言うと、「自己」から「世界」へと展開していったという点にある。われわれがこの現実のなかで行う行為や、私が他者と関わる場所としての社会や世界、さらにその歴史などが西田の思索のなかに入ってきた。西田が「世界」を問題にするときの大きな特徴は、それを言わば外から客観的に眺め、社会や世界がどういうものであるかを明らかにしていくのではなく、われわれがそのなかで生きている「世界」、西田の言い方で言うと、われわれがそこに「於てある世界」を問題にしている点にある。

たとえば『無の自覚的限定』(一九三二年)に収められた「私と汝」という論文において西田は、このわれわれが「於てある世界」を、個物と環境、個人と社会とが相互に限定しあう世界として描きだしている。個人と社会、個と全体とは、一般に、相反するものと考えられるが、しかし全体が全体としてあるのは、全体自身を否定して自己のなかに個を、そしてその個の活動を可能にしているからであると言える。つまり、個が個としてその力を発揮するからこそ、全体が維持されていくのである。もしそうでなければ全体、あるいは一般者は単なる空虚な、がらんどうのようなものにすぎない。個の方も、まったくまとまりのないものであれば、社会全体が分解してしまう。その結果、個人の方も存続していくことができない。自己を否定して、自己を全体に委ねて、はじめて個として存続することができるのである。このように個と全体とは、相互に、自己を否定し他に結びつけられることによって、はじめてその本来の力を発揮することができる。相互に対立し、矛盾しながら、相互にその存在を支えあっている。

このような個と全体との関係を西田は、後期の思想の中で、「一即多多即一」という言葉で表現している。先ほどの「一なると共に多、多なると共に一」という言葉で言い表されていたものと同じことが、この言葉で表現されている。この一と多とのあいだの矛盾と同一という二重の関係を、西田はやがて「絶対矛盾的自己同一」という言葉で表現していくようになる。

†仏教における「一即多多即一」

この「一即多多即一」というのは、大乗仏教の代表的な経典の一つである『華厳経』などに出てくる表現である。『華厳経』では、「一即一切一切即一」といった表現もなされている。そうした表現の背景になるのは、華厳のいわゆる「法界縁起《ほっかいえんぎ》」という世界理解である。「法界縁起」とは、あらゆる事物ないし事柄が、互いに縁となり、限りなく関係しあい、融合しあっていることを指す。

その相互に依存しあった諸事物の関わりが華厳では、インドラ網（インダラ網、因陀羅網）の喩え、つまり、帝釈天《たいしゃくてん》の宮殿に張りめぐらされた網の喩えを通して説明される。帝釈天の宮殿に張りめぐらされた網の目には一つ一つ宝珠がはめ込まれており、そしてその一つ一つの宝珠には他の一切のものが映っているというように言われる。それは逆に言えば、どの宝珠も他の宝珠に映っているということでもある。どの宝珠も他の一切の宝珠から働きを受けると同時に、他の一切の宝珠に対して働き返してもいる。この諸事物の限りない相互依存的な関わりが「一即一切一切即一」という言葉で表現されたのである。

西田が後期の思想のなかでくり返し「一即多多即一」と言うとき、さらに言えば『善の研究』において「一なると共に多、多なると共に一」と言うとき、この華厳の思想が念頭にあったと言えるであろう。

†自動不息

先ほど見たように、西田は実在を構成する平等と差別という二つの面は切り離すことができず、実在は、結局「一つの者の自家発展」とみなすことができるとしている。それを踏まえて、「真に一にして多なる実在は自動不息でなければならぬ」(九四)と言われている。[3] 実在は動いてやまないもの、自らのなかから対立や矛盾を生みだし、かぎりなく自己を発展させていくものであるというのが西田の理解であったと言えるであろう。

実在は対立・矛盾を生みだし、それをふたたび統一するが、しかしこの統一からまた対立や矛盾が生まれていく。そういう意味で、実在は文字通り、自ら動いて止むことがないのである。そのことを次のように表現している。「活きた者は皆無限の対立を含んで居る、即ち無限の変化を生ずる能力をもったものである。精神を活物というのは始終無限の対立を存し、停止する所がない故である」（九四―九五）。

「統一的或る者」は、このやむことのない運動のなかで、それ自身を具体化していくと言ってよい。注意する必要があるのは、まず「活動の主」とも言うべきものがあって、そこから活動が起こると西田が考えているのではないという点である。「直接経験より見れば活動其者《そのもの》が実在である」（九六）と言われている。これが西田の考える実在の真相であったと言ってよいであろう。

（1）デカルト『方法序説』（山田弘明訳、ちくま学芸文庫、二〇一〇年）五六頁。

（2）デカルトと西田の違いを上田閑照は『西田哲学への導き――経験と自覚』（岩波書店、一九九八年）のなかで、「一方は〔デカルトは〕思惟の自己再帰において疑い得ぬものを見出し、他方は〔西田は〕思惟の脱自とともに疑い得ぬものに直接するというように対比出来るでしょう」と表現している（同書五六頁）。

（3）「自動不息」というのは、おそらく『易経』の「自彊《じきょう》不息」をヒントにして考え出された表現であろう。

第3章 善

1　善とは何か

†哲学と人生

「第1章　『善の研究』はどういう書物か」で見たように、『善の研究』ははじめ「純粋経験と実在」とされていたが、途中で「善の研究」に変更された。なぜその題で出版されたのかという点に関して西田は、「序」のなかで、「この書を特に「善の研究」と名づけた訳は、哲学的研究がその前半を占め居るにも拘らず、人生の問題が中心であり、終結であると考えた故である」（六）と、その理由を説明している。

本書全体の内容を考えたとき、はたしてそれがもっとも適切なタイトルであったのかどうかという点については問題が残るが（一二二頁参照）、西田が哲学を人生の問題と深く結びついたものとして理解していたことはまちがいがない。最晩年に書かれた「知識の客観性について」という論文でも、「哲学は我々の自己が真に生きんとするより始まる。われわれの自己の自覚の仕方であり、生き方である」（九・四六一）と記している。このように「真に生きる」ということをどこまでも追求した点に、そして哲学をその営みと切り離しがたく結びついたものと捉えていた点に、他の哲学者にない西田の思索の特徴があるし、それが西田哲学の魅力にもつながっている。そういう意味では、この本が『善の研究』と題されていることにも十分に意味があると言える。

†倫理学説としての「直覚説」

「善」は倫理学のもっとも重要な、その核になる概念である。しかし、それが何を意味するかについてはさまざまな解釈が存在する。倫理学の歴史はその解釈の歴史であると言ってもよい。

ここで取りあげる『善の研究』第三編「善」においても、その問題をめぐるさまざまな学説が俎上に載せられている。第五章「倫理学の諸説 その一」において西田は、倫理学説――つまり「善」についての解釈――は、大きく分けると二つあるとしている。他律的倫理学説と自律的倫理学説とである。他律的倫理学説というのは、西田の言う「人性」、つまり人間の本来の性質ではなく、それ以外の何か絶対的な力をもった存在に善悪の基準を置くという立場である。たとえば神や仏が命じるものに従うのが善であり、それに反するのが悪であるという考え方である。それに対して自律的倫理学説は、人間本性のなかに善悪の基準を置く。たとえば人間の理性が、何が善であり何が悪であるかを教えてくれると考える立場である。

西田は、この二つの学説以外に「直覚説」があるとする。この立場にはいろいろの種類があり、他律的倫理学説に近いものもあれば、自律的倫理学説に近いものもあるため、どちらかに含めることができず、別に取り扱うことにしたと述べている。

ここで言われているように、「直覚説」にはいろいろな立場があるが、共通しているのは、ある行為を目の前にして、それが善であるか悪であるかは、直観的に分かる、また、どういう原則に従って行為したらよいか、われわれが具体的に行為する際にそれに基づくべき道徳法則も、直観で分かると主張する点である。

この「直覚説」については、西田は、それに「倫理学説として如何ほどの価値があるであろうか」（一六一）とか、「学説としては甚《はなは》だ価値少きものである」（一六三）というように、非常に厳しい見方をし、他律的倫理学説や自律的倫理学説よりも低い位置づけをしている。

†倫理の源泉としての「良心」

西田はどういう点に「直覚説」の問題点を見いだしていたのであろうか。

「直覚説」は、まず、われわれのうちに「良心」とも呼ぶべきものがあり、それがただちに行為の善悪を判断すると主張するが、その点について西田は、具体的な行為をする際、われわれはそれが善であるか悪であるか迷うときがある、また人によって判断が分かれることがある、つまり、「良心」といえども、どの行為が善でありどの行為が悪であるかを明確に示すことができないと述べている。

「直覚説」のもう一つの主張は、「良心の命令」というような言葉が示すように、良心がただちにわれわれが従うべき普遍的な、つまり誰もが従うべき道徳法則を示すというものである。この点についても西田は、直覚論者の挙げる道徳法則が決して普遍的ではなく、人によって違っているという事実を挙げ、その主張の不十分性を指摘している。

また、仮に良心がそういう誰もが従うべき普遍的な道徳法則を示しえたとしても、ただ良心がそういう道徳法則を示したからそれに従えというのであれば、それは「抑圧」にほかならず、それに従った行為は単なる「盲従」であり、それを善とみなすことはできないと「直覚説」を批判している。

†ルソーの「良心」論

しかし、この「直覚説」が、西田の言うように、倫理学説としてほとんど意味のないものなのかどうかは、検討する必要があるであろう。

「良心」を倫理の根拠に据えることは、決して意味のないことではない。ジャン＝ジャック・ルソー（Jean-Jacques Rousseau, 1712-1778）なども、人間において良心がはたす役割に注目した人の一人である。その著作『エミール』のなかで、ルソーは、しばしば良心こそが、人間を本当に導いてくれるものだということを語っている。

ルソーは良心と理性を対比して、次のように語っている。理性というのは、物事を論理的に理詰めで考える能力であるが、私たちが人生の岐路に立たされたとき、それは、どの方向に進めばよいか、適切な方向を指し示すことができないことがしばしばある。理詰めでは明確な結論を出すことができないからである。理性がそうした問題に口を差しはさむと、かえって誤った方向を指し示すことさえあると言う。

ルソーによれば、良心はそれに対して決して誤ることがない。それは「善悪の誤りなき判定者」である。また、「滅びることなき天上の声」[1]であり、それに従うことで人はすぐれたものになるのだとルソーは述べている。

ルソーはこのように良心は「滅びることなき天上の声」であると言うのであるが、この「天上の声」をどう理解するかで、西田の言う区別で、他律的な倫理学説になる場合もあるし、自律的な倫理学説になる場合もある。この「天上の声」を文字通り、天上の神の声と理解すれば、それは他律的な倫理学説になる。それに対して、それを比喩的に、私のなかにあるが、欲望に動かされやすい私以上の判断を示してくれる能力であると解すれば、自律的な倫理学説になる。ルソーは後者の立場で良心を考えている。

†良心に基づく倫理学説の特徴と意義

良心は――イギリスのモラリストたちが使った言葉で言えば、「道徳感覚」(moral sence)は――、次のような特徴をもつ。

①第一に、善と悪とを誤りなく判定する能力である。

②次に、私のなかにありながら、私以上のものとして(ルソーの表現で言えば「天上の声」として)私を善きものへと導く。

③第三に、もし誤って悪を選んだ場合には、他の人が見ていようがいまいが、私を告発する。この良心の告発により、私たちは「良心のやましさ」とか、「良心の呵責《かしゃく》」というものを感じる。

このような能力、つまり良心が倫理を支えているという主張は、倫理学説として根拠のない、ほとんど意味をもたない主張だと言うことはできない。実際、われわれはなすべきでない行為をしたときに、「良心の呵責」というものを感じるし、それによって、以後の自分の行動を律することができる。私たちがそういう判断能力をもっているということは、決して荒唐無稽な主張ではない。

西田は、われわれは善であるか悪であるか迷うときがあり、どの行為が善であり、どの行為が悪であるかを直観的に示す能力はわれわれにはないと言うのであるが、われわれが善であるか悪であるか迷うというのは、そのような直観的な判断能力を十分に育むことができなかった結果とも言えるのではないだろうか。そういう判断能力を育てるためには、それにふさわしい環境も必要であるし、時間もかかる。もちろん誰しも完全な判断能力をもつことはできないが、よりよい倫理観を育むことで、そういう直観的な判断能力も少しずつ形成されていくのではないだろうか。

西田はまた、良心が示す道徳法則に従うことは単なる「盲従」であるというのであるが、良心というのは、慣習とか、既成の道徳とか、神の命令とか、そういった外からの命令に盲従していてよいのか、という問いをわれわれに投げかけてくれる能力であり、決して単に盲従を迫るものではない。「直覚説」も、倫理の問題を考える上で、重要な役割を果たしていると言ってよいのではないだろうか。

†他律的倫理学——権力説

第六章「倫理学の諸説　その二」では「他律的倫理学」が問題にされている。それを西田は「権力説」とも呼んでいるが、自分自身、つまり、自分のなかにある理性や良心ではなく、自分の外にある、何か絶対的な権力をもった存在に善悪の基準を置く立場である。

　この「権力説」には二種類ある。一つは君主の絶対的な力に従うことが善であるとする「君権的権力説」であり、もう一つは神の絶対的な力に従うことが善であるとする「神権的権力説」である。後者の例としては、キリスト教、とくに中世のスコラ神学者であったドゥンス・スコトゥスの名が挙げられている。前者の例としては、トマス・ホッブズと荀《じゅん》子《し》の名が挙げられている。「神権的権力説」の方は分かりやすいと思われるので、「君権的権力説」についてだけ少し説明を付け加えたい。

　ホッブズによれば、人間は基本的に利己的である。われわれは生まれながらに、自分の生命と身体を保持するために自分が欲するままに自分の力を用いようとする。それをホッブズは権利として認めた――それを「自然権」と呼んでいる――。しかしもちろん、私一人だけがその権利をもっているわけではなく、他の人も同じ権利を持っている。その権利をお互いに行使すれば、必然的に、いわゆる「万人の万人に対する戦い」が生まれ、滅亡の道を歩まざるをえなくなる。それを避けるためには、君主にすべての権力を委ね、その命令に従うほかはない。この立場に立てば、君主の命令に従うのが善ということになる。

　荀子は紀元前三世紀に活躍した中国戦国時代の思想家である。性悪説の立場に立ち、礼による統治の重要性を説いた。『荀子』「性悪第二十三」に次の言葉が見える。「今、人の性は悪なれば、必将《かなら》ず聖王の治と礼儀の化とを待ち、然る後、皆治に出でて、善に合するなり」。

この権力説の問題点として、西田は次の点を指摘している。「権力説においては何故に我々は善をなさねばならぬかの説明ができぬ」（一六七―一六八）。この説に立てば、われわれは、権力者の命令が絶対的で有無を言わさぬものであるが故に、それに従うのみであり、それには理由はない。したがって当然のことながら、なぜそれをなさねばならないかを説明することはできない。要するに、「盲目的服従」が善なのである。そうすると道徳法則というのが無意義なものになってしまう。道徳的であろうが、そうでなかろうが、とにかく絶対的な命令に服するのが善とされるのである。

†自律的倫理学説――合理説

第七章「倫理学の諸説 その三」では自律的倫理学説が問題にされている。自律的倫理学説というのは、先に述べたように、人間自身の本性に倫理の根拠を求めようとする立場である。

西田はこの自律的倫理学説に三つの立場があると言う。一つは理性に善悪の基準を求める「合理説」ないし「主知説」であり、次いで、快いか不快であるか、あるいは楽しいか苦しいか、そういう感情に善悪の基準になるものを求める「快楽説」であり、第三は、意志の活動にこの善悪の基準になるものを求めようとする「活動説」である。

まず「合理説」について見てみたい。この説を主張した代表的な人物としてサミュエル・クラーク（Samuel Clarke, 1675–1729）の名が挙げられている。クラークというのは、イギリスの哲学者であり、イギリス国教会の聖職者でもあった人である。宗教者でもあったが、独学でニュートンの物理学を学び、そこから強い影響を受けたことでも知られる。人間の理性が果たす役割の重要性を強調し、『神の存在と属性』（一七〇四年）と題した著作のなかで、数学的方法によって、神の存在とその属性を明らかにしようと試みている。

クラークは、理性によって物の真相を知れば、何をなすべきかということも、おのずから明らかになると考えた。「ある」ということ、つまり事実が分かれば、「あらねばならぬ」ということ、つまり「何をなすべきであるか」ということもおのずから分かってくると考えたのである。事実と当為とは一致しうるというのがクラークの考えであった。

このクラークの主張に対して、西田は、道徳的な原則、つまり「〜をすべきである」という道徳的法則ははたして形式的な理解力で把握できるであろうか、という疑問を呈している。形式的な理解力は、たしかに事実が何かを把握するときには大きな力を発揮する。

しかし、「〜をすべきである」ということ——たとえば「汝の隣人を愛せよ」というような規範——を、道徳的原則として根拠づけることはできない。たとえばわれわれ人間は、自己自身を愛する、つまり自愛の性質ももっているし、他者を愛する、つまり他愛の性質ももっている。そのことを知ることができたとしても、そこからすぐに、自愛の方を選ぶべきであるとか、他愛の方を選ぶべきであるとかいうことが出てくるわけではない。形式的理解力には、それを判断する力はない、というのが西田の理解であった。

†カントの倫理学説

西田は「合理説」の代表としてクラークを挙げるのであるが、道徳的な規範の根拠を「理性」に求めた人としては、十八世紀後半に活躍したドイツの哲学者カント(Immanuel Kant, 1724-1804)の名前を挙げる必要があるであろう。

カントは理性を単なる理論的な理性としてではなく、同時に実践的な理性、つまり実践理性であるとも考えた。実践理性は、われわれが何をなさなければならないか、つまり道徳的な法則を認識する能力であり、同時にそれにしたがった行為を自らに命じるとともに、実際にこの道徳法則に従って自らの意志を決定し、行為することができる能力であると考えた。

カントは『道徳形而上学の基礎づけ』のなかで、実践理性が道徳法則と考えるものを具体的に次のように表現している。「あなた自身や、そのほかのすべての人の人格の内にある人間性を、単なる手段としてのみ扱うのではなく、つねに同時に目的として扱うように、行為せよ」(同第二章)。この道徳法則は、「理性」が、どういう状況にあっても守るべきものとして私たちに無条件に命じるものであり、カントはそれを理性の無条件的な命令という意味で「定言命法」という言葉で言い表している。

このようにカントは、すべての人を「目的」として尊重せよとわれわれに命じる「理性」こそが倫理の根底にあると考えたのであるが、これは倫理学説として十分に検討に値する学説であると言えるであろう。西田は確かに第十一章「善行為の動機(善の形式)」においてて少しカントに触れているが、あとで述べる「人格実現説」の枠内で論じている。この「人格実現説」に力点が置かれたためであろうが、カントの倫理学説それ自体について十分な考察がなされなかったという印象が残る。

2　善と快楽（幸福）

†「利己的快楽説」と「公衆的快楽説」

先ほど述べたように、西田は自律的倫理学説を「合理説」と「快楽説」と「活動説」の三つに分けている。ここでは第二の「快楽説」について見ることにしたい。

第八章「倫理学の諸説 その四」の冒頭の段落で西田は、自分自身をよくふり返ってみると、われわれの意志はすべて苦楽の感情に関わっていると述べている。つまり、苦しいからこうしたいとか楽しいからこうしたいとか考えて、われわれは何かある事柄を実行しようという意志を抱く。快いことは積極的に求めていくし、不快なことは避けようとする。これが人情の自然である。したがって快楽を人生の目的とするのは自明の理であると西田は言う。この「快楽こそが人生の目的である」、あるいは「快楽こそが最大の善である」という考え方が「快楽説」である。西田はそれを「利己的快楽説」と「公衆的快楽説」の二つに分けている。

「利己的快楽説」の方は、自分自身の快楽を追い求めることが人生の目的であるという考えに立つ。他の人が置かれた状況には目を向けず、自分の快楽だけを追求する。

西田はこの「利己的快楽説」に、いま現在の快楽を重視する立場と、長い目で見て、その人の生涯全体で快楽が大きいかどうかを判断する立場があることを述べている。また、積極的快楽を重視する立場、つまりどれだけ大きな快楽を感じるかを重視する立場と、消極的快楽を重視する立場、つまり可能なかぎり苦痛を減らすことを重視する立場があることを記している。現在の快楽を重視し、また積極的快楽を重視した人として、古代ギリシアのキュレネ学派のアリスティッポスが、そして生涯全体の快楽を重視し、同時に消極的快楽を重視した人としてエピクロス派の祖であるエピクロスの名が挙げられている。

一方、「公衆的快楽説」――これは一般には、功利主義(utilitarianism)と呼ばれる――は、それに対して、個人の快楽ではなく、社会全体の快楽をめざす。つまり、社会の成員全体の快楽がもっとも大きくなることが最大の善であると考える(この立場についてはあとで詳しく見ることにしたい)。

†カントの「自律」と「他律」

以上の快楽説は、先ほど名前を挙げたカントの倫理学説とは逆の立場に立つ。カントの倫理学説の特徴は、その「幸福」についての理解のなかに見てとることができる。

カントは倫理の問題、善とは何かということを考える際、理性が命じる道徳法則以外のもの、具体的に言うと、われわれが何かをしたとき、その行為の結果得られるであろうもの——たとえば金銭的な利益や他の人々から得られる賞賛など。それらは一括して「幸福」と呼ばれている——を考えて行為することを、端的に否定した。そこにはまったく道徳性がないと考えたのである。その点でカントは快楽主義とはまったく反対の立場に立つ。

カントは、いまやろうとしている行為が道徳的か、非道徳的かは、その結果によってではなく、それがどのような「動機」に基づいてなされたかにかかっていると考えた。つまり、どのように自分の意志を決定するかに、道徳的であるか否かがかかっていると考えたのである。

そしてその動機に二つのものがあるとカントは考えた。一つは意志の「自律」(Autonomie)であり、もう一つは意志の「他律」(Heteronomie)である。「他律」とは、意志の外にあるもの——ある行為をすれば、得られると考えられるもの、先ほど言った「幸福」——によって意志を決定することにほかならない。そこで意志決定の原理になっているのは「自愛」、「自己愛」である。「自愛」と道徳性とは根本において相容れないというのがカントの考えであった。

それに対して「意志の自律」というのは、われわれ自身のうちにあるもの、具体的には理性に基づいて、あるいは理性が命じる原則――つまり道徳法則――に基づいて意志を決定することを意味している。道徳的な価値、つまり「善」は、「道徳法則」が意志を直接に規定するところに生じるとカントは考えたのである。「自愛」に基づいて意志決定をしたり、あるいは結果的には「道徳法則」にかなっていても意志決定をする際にこの「自愛」が混入していたりすれば、道徳性は土台から崩れてしまうというのがカントの考えであった。

†功利主義

西田の言う公衆的快楽説、つまり功利主義は、十八世紀の末に、イギリスの思想家ジェレミー・ベンサム（ベンタム、Jeremy Bentham, 1748–1832）によって提唱され、その後十九世紀に、ジョン・スチュアート・ミル（John Stuart Mill, 1806–1873）やヘンリー・シジウィック（Henry Sidgwick, 1838–1900）らによって発展させられたものであるが、現在でも、根強い支持者をもっている。その成立は、十八世紀の末から十九世紀のはじめにかけてのイギリスの社会や経済、政治と深い関わりをもつ。その頃イギリスでは、産業革命によって富が蓄積されて資本主義体制が整備されていくとともに、近代的な政治体制が徐々に整えられていった。それが基盤となって市民社会が形成されていった。

ジェレミー・ベンサム

当初は――アダム・スミス（Adam Smith, 1723-1790）の経済学理論などに見られるように――、それぞれの人間が自分の利益（私益）を追求していけば、おのずから社会全体の利益（公益）も増進されるという楽観的な見方がなされていた。しかし、実際の社会の中では、私益と公益との調和は実現しなかった。むしろ経済的な不平等が生まれ、貧困や失業が社会全体の問題になっていった。

そのような状況の中で、改革の方向を探ったのが、功利主義であった。

†ベンサムの功利主義――最大多数の最大幸福

功利主義をはじめて理論化したベンサムは、その主著『道徳および立法の諸原理序説』（一七八九年）のなかで、快楽を感じ苦痛を感じないことが「幸福」であり、それを実現することが「善」であるとしている。しかし、功利主義は、決して自分の快楽だけを追求する利己的な快楽主義ではなかった。功利主義の一つの重要な原則に、「それぞれの人間を一人として数え、誰であれ、それ以上には数えない」という原則がある。つまり、人間に質的差異を認めず、すべての人を平等な人格として尊重するという立場に立っていた。そこに功利主義の一つの大きな特徴がある。そういう立場から功利主義は、自分自身が感じる快楽と他人が感じる快楽とを同じように評価した。功利主義が追求したのは、自分が可能な限り大きな幸福を得るということではなく、社会全体が幸福になることであった。功利主義のモットーとも言える「最大多数の最大幸福」という言葉は、そのことを表現している。

ベンサムが功利主義という立場を取ったとき、一方では、シャフツベリ（Shaftesbury, 1621-1683）らの道徳感情説などからも影響を受けた。しかし他方、彼らが、何が善であり何が悪であるか、両者を区別する客観的な基準を示すことができなかった点を批判した。善悪判断の客観性の基礎としてベンサムが注目したのが、utility（功利性・有用性）であった。いま私が目の前にしている物や行為が、私に快をもたらし、不快を軽減してくれるとき、私はそれを有益である、有用であると判断する。そのときに、その物や行為がもっている性質のことである。ベンサムはこの utility は数量化することできると考えたのである。それがいわゆる「快楽計算」である（それを計算するためにベンサムは、快楽を七つの尺度で測ろうとした）。

†なぜ他者への配慮が必要なのか

西田は第八章「倫理学の諸説　その四」でこのベンサムの功利主義の立場が、快楽説としてきわめて整合的な学説であることを認めるとともに、他方、その不十分性を「何故に個人の最大快楽ではなくて、最大多数の最大幸福が最上の善でなければならぬかの説明が明瞭でない」（一八〇）と指摘している。われわれはなぜ自分自身の幸福だけでなく、他の人の幸福にも配慮し、「最大多数の最大幸福」をめざさなければならないのであろうか。これは倫理学上の難問の一つであるが、この点でベンサムの理論は十分でないというのである。

西田自身はどう考えていたのであろうか。西田は、人間には自分の幸福だけではなく、他者の幸福をも願うという「自然の欲求」があると言う。具体的には、「人間には利己的快楽の外に、高尚なる他愛的または理想的の欲求のあることは許さねばなるまい」（一八三）と述べている。愛する者のために、あるいは理想のために自己を犠牲にするというようなことすらあるのである。快楽を得た場合だけでなく、このように自己を犠牲にし、理想を実現したときにも、われわれは大きな満足を感じる。そのことを「我々人間には先天的に他愛の本能がある。これあるが故に、他を愛するということは我々に無限の満足を与うるのである」（一八四）と西田は言い表している。自己だけでなく（あるいは自己を犠牲にしても）、他者の幸福を実現したときの方が、われわれは大きな満足を得るというのである。それはわれわれに先天的な「他愛の本能」があるからだというのが西田の考えであった。(2)

†ベンサムの功利主義の問題点

先ほど、功利主義の思想は、現実の社会の中で大きな不平等が生まれ貧困や失業が社会問題となっていた状況のなかで、それを改善することをめざして生まれてきた思想であるということを言ったが、そのような状況のなかで何をめざして、また何を基準にして法を制定したり、政策を決定するかという観点に立ったとき、功利主義は大きな意味をもつ思想であったと言える。しかし倫理学説として見たとき、ベンサムの思想は多くの問題をはらんでいた。

ベンサムの言葉としてよく知られているものに「快の量が同じであれば、プッシュピン遊び(3)と詩作とは同じぐらい「よい」」という言葉がある。このようなベンサムの考え方を踏まえて、当時すでに、功利主義者たちは低級な「豚の快楽」を追求している、つまり、人間の精神的な活動に価値を認めず、食欲や性欲などの身体的な欲求を満たすことだけを考えている低俗な学説の主張者であるという批判がなされた。それ自体は当たらないが、はたして多様な快楽を比較することは可能なのか、それを数量化し、計算することは可能なのか、というのはベンサムが十分に答ええなかった問題であった。

†J・S・ミルの功利主義

そのような批判を考慮して、ベンサムの功利主義に修正を加え、それをより洗練されたものにしたのが、J・S・ミルであった。『功利主義論』(*Utilitarianism*, 1863)のなかでミルは快楽の「質」の違いについて論じている。質が異なる二つの快楽があるとき、どちらがよいか、どちらを選択すべきかを判断するのは難しいが、それに関してミルは、その両方を十分に経験している人がちゅうちょすることなく選ぶ快楽の方が質が高いとしている。そういう観点に立ってミルはそこで、「満足した豚であるより、不満足な人間であるほうがよく、満足した馬鹿であるより不満足なソクラテスであるほうがよい[4]」と記している(西田もこのミルの言葉に言及している)。

しかし、おいしいものを食べたときに感じる快楽と、ソクラテスのように「よく生きるとはどういうことか」といった問題を考えたときに感じる快楽とは、比較することができるであろうか。さまざまな条件を考慮した上で、食べることを優先する場合もあれば、哲学的な思索にふけることを優先する場合もあるというのが現実ではないだろうか。単純に上下を決めることはできないように思われる。

もう一つ重要な点は、ミルが功利主義のなかに、快楽の追求こそが善であるという功利主義の原則以外のものを導入しているのではないかと考えられる点である。西田も「ミルの如き考は明に快楽説の立脚地を離れたもの」である（一八一）としている。具体的に言うと、快楽の総量では少なくなるけれども、精神的な満足をもたらすような行為の方が望ましいという基準をミルは導入していると言えるのではないだろうか。その場合、なぜその方が望ましいのかという問いに答えなければならないが、それを功利主義の原則のなかに見つけることはできないのではないか、つまり、ミルは功利主義の枠を超えて善の問題を考えようとしているのではないか、と西田は言うのである。

†功利主義の評価されるべき点と問題点

最初にも言ったが、現代でも功利主義に注目する人は多い。その評価されるべき点はどこにあるだろうか。まず注目されるのは、善悪を判断する客観的な基準を定めようと試みた点、言いかえれば、「善とは何か」という問いに対して、明確な答を示そうとした点である。さらに、私たちはただ自分の内面で善良で正直であればよいと考えるのではなく、社会をよりよい方向に向けるように行動すべきであると考えた点も評価される。ベンサムやミルの時代もそうであったが、現代においても富の偏在や格差は深刻な問題であり、その問題とどう向きあい、どう取り組むべきなのかを考える上で、功利主義的な発想は、いまもさまざまな示唆を与えてくれる。

しかし、そこにはさまざまな問題点もある。西田も第八章「倫理学の諸説 その四」で三つの問題を指摘している。①はたして快と不快、善と悪の量を計算する客観的な基準があるだろうか。②快楽説では道徳的な善の命令的性格（「〜すべし」という当為、Sollen）を説明できないのではないか。③人間は快楽だけを求めて生きているのではない。人間には「他愛の本能」がある。この点が十分に考慮されていないのではないか。

第一点について言うと、ベンサムは快楽を計る七つの尺度を挙げたが、それによって快楽をどのように数量化するのかは明確でない。ミルのように、快楽の質の違いを導入しても、質の異なる快楽を比較することは簡単にはできない。

第二点に関して言えば、われわれは何も言われなくても快楽を追い求める。それは道徳的な原則でも何でもない。善悪の問題は、「私たちは現実にかくかくしかじかという行動をとっている」という「事実判断」ではなく、あくまで「実際はそうではないが、しかし、人間としてかくかくしかじかという行動をとらなければならない」という「価値判断」であるという意見は当然出てくるであろう。カントによれば、理性が求めるものは、欲望をもつ人間には「〜をなせ」という命令の形を取る、つまり「当為」(Sollen)として与えられる。その理性の声に耳を傾けるところに道徳性が生まれるという考えに功利主義はどう答えるであろうか。

第三点については、すでに述べたように、西田は「我々人間には先天的に他愛の本能がある。これあるが故に、他を愛するということは我々に無限の満足を与うるのである」(一八四)と記している。

3 人格の実現

†大西祝の倫理学

「合理説」と「快楽説」と「活動説」という三つの自律的倫理学説のうち、第三の「活動説」について以下で見てみたい。

西田はこの「活動説」(energetism)を「合理説」と「快楽説」の不十分なところを克服した、より完全な学説であるとするのであるが、この「活動説」という表現は、一般的な

大西祝（『大西祝選集Ⅱ』より）

ものではない。『善の研究』が出た頃に広く知られていた倫理学の概説書でもその表現は使われていない。

当時、もっともよく知られていたのは大西祝《はじめ》（一八六四―一九〇〇）の『倫理学』であった。大西は一八八五（明治十八）年に――西田が入学する六年前に――東京大学に入学し、卒業後、東京専門学校の講師となり、哲学や心理学、西洋哲学史などを教えた。初代の京都大学の文科大学長に予定され、そのためにドイツに留学したが、そこで病を得て帰国し、しばらくして亡くなった。没後に『大西博士全集』全七巻が刊行された。『倫理学』はこの『大西博士全集』の第二巻である。西田は金沢の第四高等学校で倫理を教えた際に、この本から大きな影響を受けたと考えられる。『善の研究』第三編「善」の記述からもそれが見てとれる。

この『倫理学』のなかで大西は倫理学説を次のように分類している。まず第一に「直覚説」を置いている。これは西田と同じである。第二に「形式説」を置く。すべての人が、それにしたがって行為すべき普遍的・形式的な規範をまず定めようとする倫理学説である

（大西はカント哲学からもっとも大きな影響を受けたが、ここでもカントの倫理学説が念頭に置かれている）。第三は「権力説」、第四は「自己的快楽説」、第五は「公衆的快楽説」、第六は「功利説」である。西田は『善の研究』第三編「善」において、この大西の分類をほぼ踏襲していると言うことができる。しかし大西は「活動説」については論じていない。

†中島力造の実現説

中島力造（一八五八―一九一八）も当時倫理学の領域ですぐれた仕事を残した人である。同志社英学校を経て、アメリカのエール大学で学び、帰国後、東京大学で倫理学を教えた。西田も東京大学でその講義を聴いている。

中島は一九〇一（明治三十四）年に発表した『現今の倫理学問題』で、倫理学説を、①快楽説、②克己説、③実現説の三つに分類している。「克己説」というのは、西田が第七章で言及しているが、ストア学派のように自己の欲望を抑え、心の安定を得ようとする立場を指す。第三の「実現説」について、中島はそれに「個人的

中島力造（小川一真編『東京帝国大学』より）

実現説」と「社会的実現説」の二つがあることを述べている。「個人的実現説」というのは、人間の能力を完全に発達させることを人生の目的とする立場である。それに対して、「社会的実現説」は、社会の進歩発達を人生の目的とする立場である。

この『現今の倫理学問題』において中島は、「個人的実現説」が個人の発達を重視し、社会を軽視する傾向を有するのに対し、「社会的実現説」の方が、逆に社会の発展を重視し、個人を軽視する傾向をもっているため、ともに完全ではないと述べている。

それに対して、その十一年後、一九一二（大正元）年に出した『教育的倫理学講義』においては、この三つの立場を、①快楽説、②合理説、③実現説と名づけ、「実現説」をさらに、①自我実現説、②社会実現説、③人格実現説の三つに分けている。

「自我実現説」というのは、「個人的実現説」と同じく、自己の能力を発達させ、「完全なる自我を実現する[5]」ことを最大の善と考える立場である。第二の「社会実現説」は『現今の倫理学問題』における「社会的実現説」と同じである。『教育的倫理学講義』では、このあとに「人格実現説」が置かれている。これは「自我実現説」と「社会実現説」を対立するものと見なすのではなく、両者の長所を言わば一つにするような立場だと言うことができる。中島の言い方でいうと、「個人が発達する為めに社会が発達する、又他方よりいえば社会が発達する為めに個人の人格が発達する[6]」、この二つの面がともに実現することを理想とする立場である。

†中島の「実現説」と西田の「活動説」

このように中島は、快楽説と克己説(ないし合理説)を総合するものとして「実現説」を考えたのであるが、西田はその位置に「活動説」を置いている。表現は異なるが、内容的には、中島が言う「実現説」と西田の言う「活動説」とは大きく違うものではない。

それは、たとえば第九章「善(活動説)」で、「善とは自己の発展完成self-realizationである」(一九一)と言われている点や、第十章「人格的善」で、われわれの何かを感じたり、考えたり、想像したりするという、意識のさまざまな活動は、元来一つの活動であり、その個々の活動の根底にはそれらを統一している「深遠なる統一力」(一九八)が働いている、この「統一力」を「人格」と呼ぶことができるとしたあと、「善は斯の如き人格即ち統一力の維持発展にある」(一九八)と言われている点などに見てとることができる。

このように西田の理解は、中島のそれに近いにもかかわらず、西田は「実現説」という言葉を使わないで、「活動説」と表現している。なぜそうしたのであろうか。

†アリストテレスのエネルゲイア

第九章「善（活動説）」で西田は「我々の精神が種々の能力を発展し円満なる発達を遂げるのが最上の善である（アリストテレースのいわゆるEntelechieが善である）」（一九一）と記している。ここに見られるアリストテレスの倫理学説への共感が、第三の立場を「活動説」と名づけた背景にあったのではないかと考えられる。

アリストテレスは事物がまだ実現されず可能性にとどまっている状態を可能態（δύναμις, デュナミス）と呼び、それに対して、それが具体化され、完成した状態を「完全現実態」（ἐντελέχεια, エンテレケイア）と呼んだ（アリストテレス『霊魂論』四一二aなど）。アリストテレスはさらにエネルゲイア（ἐνέργεια）という表現も用いている。エンテレケイアの方が可能性を完全に実現した状態というニュアンスが強いが、ともにデュナミスに対比されており、ほぼ同じ意味で使われていると言ってよい。このエネルゲイアは「現実態」とも、「活動」とも訳される。うちに秘められていた可能性が外に現れ、その力が具体的に発揮されている状態を指すからである。

先ほど西田が「活動説」にenergetismという英語を添えているのを見たが、この表現はいま見たアリストテレスのエネルゲイアという概念を踏まえたものと考えられる。たとえば西田は、このデュナミスとエネルゲイアの対比を倫理の問題に引きつけて次のように述べている。「善とは我々の内面的要求即ち理想の実現、換言すれば意志の発展完成である」(一八九)。「内面的要求即ち理想」がデュナミスにあたり、その「実現」、「発展完成」がエネルゲイアであり、エンテレケイアにあたると考えることができる。このような関係を踏まえて、おそらく「活動説」という表現が用いられたのであろう。

†アリストテレスの「幸福」論

西田の「活動説」の理解は、このデュナミスとエネルゲイアという概念だけでなく、アリストテレスの「幸福」論も踏まえたものであった。第九章「善(活動説)」で、「氏(アリストテレス)に従えば人生の目的は幸福 eudaimonia である。しかしこれに達するには快楽を求むるに由るにあらずして、完全なる活動に由るのである」(一八九)と述べている。

ここで言われているように、アリストテレスは人生の目的、つまりわれわれがめざす究極の善(それをアリストテレスは「最高善」とも表現している)を「幸福」であると考えた。幸福はさまざまな解釈を許すあいまいな概念であるが、アリストテレスはそれを、人間がどのような活動を行っているか、そこでどのような機能や能力を発揮しているかという観点から考えようとした。彼が最上位に置いたのは人間の知的な能力、知的な徳(ἀρετή, アレテー）であった（彼がそれを最上位に置いたのは、その能力の発揮が他のもののために、つまり二次的に望ましいのではなく、それ自体が望ましいものであったからである）。幸福を実現するためには、この能力を教育などによって十分に発達させ、いつでもそれを発揮できるような状態に置いておかなければならない。しかし単なる「状態」（ἕξις, ヘクシス）ではなく、「活動」（ἐνέργεια）こそが幸福であるとアリストテレスは考えた。実際にその能力が発揮されていることが最上の幸福であると考えたのである。

この幸福は、そして善は「状態」ではなく「活動」であるというアリストテレスの理解は西田の善の理解にも大きな影響を与えた。先ほど引用した西田の「我々の精神が種々の能力を発展し円満なる発達を遂げるのが最上の善である」という言葉、そして人生の目的である幸福は「完全なる活動に由る」という言葉もそれを示している。このようなアリストテレスの理解を踏まえて、西田は自らの倫理観を「活動説」と呼んだと言ってよいであろう。

†グリーンの人格実現説

以上で見たアリストテレスとともに、西田が倫理の問題について論じるに当たって大きな影響を受けた人にイギリスの倫理学者トマス・ヒル・グリーン（Thomas Hill Green, 1836-

1882）がいる。先ほど「善とは自己の発展完成 self-realization である」という言葉を引用したが、この「自己の発展完成 self-realization」という表現には、アリストテレスが言う種々の能力の円満なる発達という意味も読み込まれている。しかし、もともとはグリーンから来たものである。

西田は東京大学を卒業したあと、よい就職先を見つけることができず、故郷の石川県に帰り、尋常中学校の教師などを務めた。その時期に西田はグリーンの倫理学説の研究に取り組んだ。一八九五年には、グリーンの主著『倫理学序説』（*Prolegomena to Ethics*, 1883）の内容をまとめた「グリーン氏倫理学の大意」を発表している。そこで、グリーンの言わんとするところを、たとえば「人類の進歩発達とは要するに個人的性質の進歩発達に外ならず、即ち吾人がその覚識〔精神〕の諸能性（Capacities）を完全に現実となし、以てその人格（Personality）を発達するにありと云うべし」（一一・二〇）というように表現している。「善とは自己の発展完成 self-realization である」という表現は、このようなグリーンの思想を踏まえたも

トマス・ヒル・グリーン

のであった。

†西田とグリーン

「グリーン氏倫理学の大意」を発表する前年に西田は、旧制第四高等学校以来の友人・山本良吉に宛てて、「兼て考え居候如くグリーンの説を本邦人に紹介いたし度《たい》」と書き送っている。そのあと送られた書簡では山本に対して、まとめつつある原稿を、山本が深い関わりをもっていた雑誌『教育時論』（開発社）に斡旋してくれるように依頼している。「兼て考え居」という言葉が示すように、西田は東京大学在学中からグリーンの倫理学に関心を寄せていたと考えられる。

日本においてグリーンの思想を最初に紹介したのは、先に名前を挙げた中島力造であった。中島は「英国新カント学派に就いて」（一八九二年）などの論文や東京大学での講義を通してグリーンの思想、とくにいま言った「自我実現（self-realization）」説などを紹介した。西田は東京大学在学中にこの中島の講義を聴き、グリーンの倫理学説への関心を抱いたのではないかと想像される。

グリーンはイギリスにおいて、当時隆盛を誇ったいわゆるイギリス理想主義（British idealism）の思想を代表する哲学者であった。人間の認識を感覚に還元し、それによってすべての経験を説明しようとするイギリスの伝統的な経験論の哲学に対して、カントやヘーゲルなど、ドイツの哲学の影響を受け、精神の活動の能動性や自我の統一性を主張したところにその特徴がある。

グリーンの言う「自我実現（self-realization）」について簡単に見ておきたい。われわれは行為するにあたってさまざまな欲求をもつが、それらはたいてい相互に対立する。われわれはそのなかで何がいちばん望ましいかを考え、それを実現しようとする。このわれわれがほんとうに望ましいと考えるものが実際に実現されること、別の言い方をすると、あるべき自己が現実の自己の上に実現されることが「自我実現」である。グリーンはこの「自我実現」を人生の究極目的であると考えたのである。

中島が紹介したこのグリーンの「自我実現」説は、当時、その教えを直接受けた東京大学の学生たちだけでなく、大西祝や綱島梁川《りょうせん》ら、当時を代表する思想家にも影響を与え、大きな広がりを見せた。[7] グリーンの思想、とくにその「自我実現」説は、わが国において一つの流行になったと言ってもよい。

†自我実現と人格実現

ただその際、グリーンの「自我実現」ないし「自己実現」の説は、そのまま受け取られたというよりも、そのなかに「人格」という概念が読み込まれ、「人格実現説」として受け取られていった。それとともに、その意味が変容を遂げていった。

この「人格実現」という言葉も明治の後半にはじめて知られるようになったものであるが、「人格」という言葉自体、明治時代に作られた新しい表現であった。明治の二〇年代になってはじめて用いられるようになった言葉である。英語の personality の訳語として、東京大学の哲学の教師であった井上哲次郎が中島力造に勧め、中島が論文や講演などで使ってから広まった。それは、当時広がりをみせていた道徳的な「修養主義」とも結びついて、広く使われるようになっていった。

明治前半期には西洋文明の導入によって政治や軍事、産業、教育などあらゆる面で近代化が推し進められ、一見したところ、外面的には豊かな社会が実現されつつあったが、しかし人々の内面はほんとうに豊かになったのか、という反省が明治の中頃から語られるようになった。いまなすべきは、自己を鍛錬して徳性(道徳性)を涵養し、品性を身につけて自らの内面を豊かにし、自己を確立することではないのか、という主張がなされるようになった。このような思潮を「修養主義」と呼ぶ。このような道徳的な修養主義を推進した団体の一つに、一九〇〇(明治三十三)年に大西祝や姉崎正治《まさはる》らが中心となって結成した「丁酉《ていゆう》倫理会」というものがあるが、その「趣意書」にも、「道徳の大本は人格の修養にあり」と謳われている。ここにも見られるように、修養主義的な時代の流れと結びついて「人格」、あるいは「人格の修養」という言葉が広く使われるようになっていった。

ちょうどそのような流れのなかでグリーンの自我実現説は、「人格の発達」ないし「人格の実現」を説いたものとして受けとめられ、self-realization を核とした彼の倫理学説は、「自我実現」説としてよりもむしろ「人格実現」説として理解されていった。その結果、倫理学説としても、先に触れた中島力造の『教育的倫理学講義』にも見られるように、もっとも完全な倫理学説として、「人格実現説」というものが説かれるようになっていったのである。

†西田と「人格実現説」

西田も『善の研究』第十章「人格的善」において、何かを感じたり、考えたり、想像したりするというわれわれの意識のさまざまな活動は、元来一つの活動であり、その個々の活動の根底にはそれらを統一している「深遠なる統一力」が働いている、この「統一力」を「人格」と呼ぶことができるとしている。西田もまた、中島力造のグリーン研究やいま見た修養主義と結びついた人格主義の流れの影響を受け、「人格」の概念に重きを置いたのである。第十一章「善行為の動機（善の形式）」では、「人格は凡ての価値の根本であって、宇宙間においてただ人格のみ絶対的価値をもって居るのである」（二〇一）と述べている。さらに「人格の実現というのが我々に取りて絶対的善である」（二〇一）というように、「人格の実現」ことが絶対的な、最高の善であることを主張している。こうした記述から、西田もまた中島と同じように、「人格実現説」の立場に立っていたと言うことができる。

それでは西田は、人格そのものを目的にした絶対的な善、絶対的に善い行為として具体的にどのようなことを考えていたのであろうか。第十一章ではこの絶対的な善行為の「形式」、あるいはその主観的な側面、すなわち「動機」の問題について論じ、第十二章「善行為の目的（善の内容）」では、その行為の客観的な側面、すなわち善行為の目的ないし内容を論じている。それを以下で見ることにしたい。

†内面的要求の声と善行

どういう動機に基づいて行為すれば、絶対的に善い行為は実現されるのであろうか。第十一章で「人格とはかかる場合において心の奥底より現われ来って、徐《おもむろ》に全心を包容する一種の内面的要求の声である。人格其者を目的とする善行とは斯《かく》の如き要求に従った行為でなければならぬ」（二〇二）と言われている。要するに、人格とはわれわれの心の奥底から現れてくる「内面的要求の声」であり、それに従うこと、つまりそれを、あるいはそれだけを「動機」にして行為することが絶対的な善行為なのである。

　このように言われるとき、先に述べたカントの言う意志の「自律」の考えも踏まえられていたと考えられるが、同時に、この「内面的要求の声」を説明するために、興味深いことに、儒教で言われる「至誠」という概念への言及もなされている。具体的には次のように言われている。「自己の知を尽し情を尽した上において始めて真の人格的要求即ち至誠が現われてくるのである。自己の全力を尽しきり、ほとんど自己の意識がなくなり、自己が自己を意識せざる所に、始めて真の人格の活動を見るのである」（二〇三）。

　このように「ほとんど自己の意識がなくなり、自己が自己を意識せざる所」に「真の人格の活動」が成立すると言われている点、さらに、この活動においてはおのずから自己と他者との一致が実現される、その意味で「善行為は必ず愛である」（二〇五）と言われている点が注目される。そうした点が西田の倫理観の中核をなす。以下でそれらの点について見ていきたい。

4　西田の倫理観

†善行為の動機

第十一章「善行為の動機（善の形式）」において西田は、われわれが抱く最大の要求は、「意識の根本的統一力即ち人格の要求」（二〇一）であるとしている。そしてこの要求を満足させること、つまり「人格の実現というのが我々に取りて絶対的善である」（二〇一）と述べている。知を尽し情を尽したところに現れてくる「内面的要求の声」、つまり「人格的要求」に耳を傾け、それを具体化することが究極の善であるというのである。「絶対的善行とは人格の実現其者《そのもの》を目的とした即ち意識統一其者のために働いた行為でなければならぬ」（二〇二）とも言われている。「動機」という観点で言えば、この人格の要求に従うこと、それのみを動機とする行為が善である。

そこではわれわれはほとんど自己を意識することがないとも言われている。芸術的な創作を例にとれば、「技芸内に熟して意到り筆自ら随《したが》う所に至って」（二〇三）はじめて芸術家の真の人格、そのオリジナリティが発揮されるように、道徳上においても、私意というものを捨て、内面の厳粛な要求にすべてを委ねるときに人格が具体的な形をとる。しかしこの人格の実現は、客観に対して主観を立て、主観を客観のなかに実現していくことではない。むしろ「全然物と一致したる処に、かえって自己の真要求を満足し真の自己を見る事ができる」(二〇四)と西田は考えている。

†西田の倫理観と「純粋経験」

この物と一致したところでわれわれは「真の自己」を見いだすという主張は、第十章「人格的善」のなかの次の文章と重なる。「真の意識統一というのは我〔、〕我を知らずして自然に現われ来る純一無雑の作用であって、知情意の分別なく主客の隔離なく独立自全なる意識本来の状態である。我々の真人格は此《かく》の如き時にその全体を現わすのである」(一九九)。意識の統一の力が発揮されるとき、われわれは主客の対立も、知情意の分離もない純一無雑の状態にある。そのような状態においてまさに「真人格」がその全体において現れるということが言われている。この「知情意の分別なく主客の隔離なく独立自全なる意識本来の状態」というのは、言うまでもなく「純粋経験」のことを指している。ここで西田はまちがいなく、「人格実現」ということを「純粋経験」説と重ね合わせて理解している。

それがいっそうよく読み取れるのは、次の第十一章の文章である。「真の善行というのは客観を主観に従えるのでもなく、また主観が客観に従うのでもない。主客相没し物我相忘れ天地唯一実在の活動あるのみなるに至って、甫《はじ》めて善行の極致に達するのである」（二〇五）。ここでは「主客相没し物我相忘れ」た活動、つまり「純粋経験」がそのまま善であること、しかも「善行の極致」であることが言われている。

『善の研究』の「序」では、第三編「善」について、「独立の倫理学と見ても差支《さしつかえ》ないと思う」（五）と言われているが、この第三編は決して独立したものではなく、西田の哲学の根本概念である「純粋経験」をはっきりと踏まえている。つまり、「純粋経験」の概念の上に構想された倫理学であることがはっきりと見てとれる。

†個人性

第十二章「善行為の目的（善の内容）」では、西田は善行為の客観的な側面、すなわちその「目的」について論じている。何を「目的」に行為すればわれわれは絶対的に善い行為を実現できるのであろうか。

先ほど述べた「自己の内面的要求の声」に従おうとするときに現れてくる「我々の真人格」を、西田は「意識の統一力であって兼ねて実在の統一力である人格」（二〇七）と言い表している。われわれの意識のさまざまな働きがそこから展開してくるもとにある統一力――アリストテレスの言葉で言えば、可能態（デュナミス）――でもあるし、「純粋経験」というう唯一の実在がそこから展開してくるもとにあるものでもある。それを西田は「人格」と呼ぶのであるが、一人ひとりの人間の個性やパーソナリティではない。第十章の表現で言うと、われわれのさまざまな活動の根底においてつねに働いている「深遠なる統一力」（一九八）である。

西田は、この「人格」はまず「我々の個人において実現せられる」（二〇七）と言う。そしてこのわれわれ一人ひとりにおいて実現される「人格」を「個人性」と表現している。この「個人性」もまた、いわゆる個性やパーソナリティではない。それは、われわれの意識の働きがそこから現れ出てくる根源であり、それ自体は「分析のできない」（二〇七）ものである。前に「統一的或る者」について西田が、それは分析されるものではなく、「直覚すべき者」（六九）であると述べているのを見たが、「個人性」もまた、それと同様、直覚されるべきものと考えられている。

ただこの「個人性」は、「人格」が一人ひとりの人間において具体化したものとして、個人のさまざまな活動とともにあり、それを支えている。「人がこの世に生れると共に活動を始め死に至るまで種々の経験と境遇とに従うて種々の発展をなす」（二〇七―二〇八）

とも言われている。われわれの具体的な行動や思考がそこから生まれでてくるだけでなく、それ自身が「種々の発展をなす」と言われている点が興味深い。「個人性」はさまざまな経験を経て、深くなり豊かになっていくのである。

この次第に深くなり豊かになっていく「個人性」が、その人をその人たらしめると言ってもよいであろう。西田は肖像画を例に挙げて、それが描くのは、モデルになった人の顔やスタイルではなく、この「個人性」なのだとしている。非常に面白い視点から肖像画の特徴を捉えている。実際、この「個人性」が描かれたものがすぐれた肖像画なのだと言えるのではないだろうか（七二頁参照）。

✝善行為の目的は個人性の実現

「善」とは何かという問題に立ち返って言うと、第十二章で西田は「我々は先ずこの個人性の実現ということを目的とせねばならぬ。即ちこれが最も直接なる善である」（二〇八）と述べている。この「個人性」が十二分に発揮されること、つまり「他人に模倣のできない自家の特色を実行の上に発揮する」（二〇八）ことが「善」である。「個人性の実現」を目的にする行為が善であると言ってもよい。それが実現されたとき、われわれは「無上の満足」（二〇八）を感じるのである。

このような善を、西田は「個人的善」と呼んでいる。「個人的」と言われているために、「善」というのは、一人ひとりの人間のなかだけの事柄であるかのような印象が生じるが、西田は「善」を決してそのように自己のうちに閉じたものとしては捉えていない。その点が西田の善についての理解で要になる。

具体的に言うと、第十二章で「余は個人の善ということは最も大切なるもので、凡て他の善の基礎となるであろうと思う」(二〇八)と言われている。「個人的善」は、決して他者に対する善行為を否定するものではなく、むしろその基礎になるのだ、ということがここで言われている。

†個人的意識と社会的意識

なぜ「個人的善」、つまり「自己の最大要求を充《みた》し自己を実現する」(二〇五)ことは、他者に対する善行為の基礎になるのだろうか。

西田はわれわれの「個人性」、われわれ一人ひとりの意識活動を統一している「個人的意識」を孤立したものと捉えるのではなく、その根底に「社会的意識」の存在を見ている。言語や風俗、宗教や文学などはこの「社会的意識」の発現であるとしている。そして両者の関係について次のように述べている。「我々の個人的意識はこの中に発生しこの中に養成せられた者で、この大なる意識を構成する一細胞にすぎない」(二一〇)。個人の特性というのは、「この社会的意識なる基礎の上に現われ来る多様なる変化にすぎない」(二一〇)とも言われている。

「社会的意識」――「共同的意識」とも表現されている――を離れて「個人的意識」は存在しないのである。それは、自己の内面からわきあがってくる要求が自己だけの、そして自己だけに向けられた要求ではないということでもある。西田は「我々の要求の大部分は凡て社会的である」(二一二)と主張している。つまり、われわれの要求や欲求のなかには、はじめから「他愛的要素」が入り込んでいるというのである。「我々の生命慾も主なる原因は他愛にある」(二一二)とも、「我々は自己の満足よりもかえって自己の愛する者または自己の属する社会の満足によりて満足されるのである」(二一二)とも述べている。

†善と愛

第2節ですでに見たように(一〇四頁参照)、西田は第八章「倫理学の諸説 その四」でも、人間には自分の幸福だけではなく、他者の幸福をも願うという「自然の欲求」があると述べていた。われわれには「他愛的または理想的の欲求」(一八三)があり、それが実現されたときに、われわれは無限の満足を感じると主張していた。以上の「個人的意識」と「社会的意識」をめぐる記述は、このような理解を踏まえたものであると言うことができる。自己の満足は決して社会全体の満足から切り離されたものではなく、むしろ強く結びついているのである。第十一章で西田は、「如何なる人でも、その人の最も真摯なる要求はいつでもその人の見る客観的世界の理想と常に一致したものでなければならぬ」(二〇四)と述べている。われわれがほんとうに要求するもの、願うものは、われわれが「客観的世界の理想」と考えるものと一致しているというのである。

先ほどの「個人性」という言葉を使えば、われわれの「個人性」が実現されるということは、われわれの「客観的理想」が実現されることでもあるのである。そこには必ず「自他一致の感情」(二〇五)がある。そういう意味で「善行為は必ず愛である」(二〇五)と言われている。「善の内容」とは何かという問いに対して、西田はそれは「愛」であるという答を提示したと言ってよいであろう。この善は愛であるという考え方こそ、西田の倫理観の一つの核になるものだと言うことができる。

†個人的善と社会的善

先ほど西田が、「人格」はまず「我々の個人において実現せられる」と述べているのを見たが、「人格」はただ個人においてだけではなく、社会全体のなかでも、「客観的世界」

のなかでも実現される。

自己の「個人性」の実現が「個人的善」であるとすれば、この「客観的世界」のなかで実現される善は「社会的善」と言うことができる。両者は別々のものではなく、切り離しがたく結びついているというのが西田の考えであった。「人は個人主義と共同主義と相反対する様にいうが、余はこの両者は一致するものであると考える」(二〇九)と西田は述べている。「個人的善」の追求がそのまま「社会的善」の実現でもあると言うのである。

この「社会的善」について西田は、いくつかの段階、いくつかの階級があると述べている。われわれの社会的意識ないし共同的意識は、まず最初に家族のなかで発揮され実現されるが、次に社会のなかで、そして国家のなかで発揮され実現される。

しかし西田は、われわれの共同的意識はここでとどまらない、われわれが最終的にめざすのは「人類的社会の団結」(二一四)であると述べている。ここにも西田の倫理観の大きな特徴が表れている。

しかも興味深いのは、西田がこれに付け加えて、「しかし真正の世界主義というは各国家がなくなるという意味ではない。各国家が益々強固となって各自の特徴を発揮し、世界の歴史に貢献するの意味である」(二一五)と述べている点である。それは個人と社会との関係でも言える。社会が発展するということは、個人が発展をやめるということではない。

個人がますます活動を活発にすればするほど、社会が発展する。それと同じように、それぞれの国家がそれぞれの特徴を発揮すればするほど、人類全体が平和で豊かな社会を築きうると西田は考えていたと言うことができる。そのような意味での「世界主義」、「真正の世界主義」（二一五）に西田は立っていたと言うことができる。

†西田の理想主義

第十三章は「完全なる善行」と題されているが、この章は言わば西田の倫理観のまとめのような性格をもっている。

ここで西田は、「善」の二つの側面を改めて取りあげている。まず「善」とは、「個人性」が十二分に発揮されることである。それは自己のうちから湧き上がってくる要求を充たし、自己を実現するということである。それを西田は、「他人に模倣のできない自家の特色を実行の上に発揮する」（二〇八）ことであると表現している。もう一つの面は、「他愛」という原理に基づいて、社会のなかに自らの「客観的理想」を実現すること、そして最終的には「人類的社会の団結」を実現すること、すなわち、人類全体が平和で豊かな社会を築くことである。

この二つの面、つまり私が「個人性」を発揮して「大なる満足」を覚えることと、社会のなかで実際に善が実現されることとがはたして一致するのかという問題を西田はここで取りあげている。そしてこの問題について、両者、つまり「個人的善」と「社会的善」とは「決して相矛盾衝突することがないと断言する」(二一六)と述べている。

その根拠は何か、ということであるが、その点について西田は、「常に人類一味〔一体で、そこには区別や差別がないということ〕の愛情より働いて居る人は、偉大なる人類的人格を実現しつつある人といわねばならぬ」(二二〇)と述べている。これこそが「完全なる真の善行」(二二〇)であるとも主張している。

西田は、もちろん何か大きなことを、つまり「世界的人類的事業」といったものを成し遂げることだけが「真の善行」なのではないとも述べている。誰でもそういうことができるわけではない。「いかに小さい事業」であってもかまわない。「人類一味の愛情」に基づいて、その内から湧き上がってくる要求を誠実に実現していくときには、内と外とが必ず一致するというのが西田の考えであった。

しかし、そのような他愛の原理に基づいて誠実に行為するとき、はたしてそれが社会のなかで実現されるのかどうかは、おそらく簡単には断言できないであろう。「内面的要求の声」が、自分の偏った知識や情報を前提にしたものであったということもありうるし、自分の意図が現実の世界の制約によってそのまま実現できないこともあるであろう。また仮に実現できたとしても、意図しない形で他者を傷つけるようなこともあるかもしれない。しかし、自己と他者との相互の愛を基礎にした客観的世界の理想をどこまでも追求しようとしたところに、西田の倫理観の特徴と意義があると言うことができる。ここに見られる理想主義が西田の思想の根底には流れている。「人生の問題が中心であり、終結である」という「序」の言葉も、そのようなところから語られた言葉としてわれわれは理解しなければならないであろう。

(1) ルソー『エミール』(今野一雄訳、岩波文庫、一九六二―一九六四年) 中巻一七二頁。
(2) この点に関しては、近年の発達心理学の研究、とくに乳幼児がもつ共感力や利他的行動に関する研究が参考になるかもしれない。アメリカのエール大学で心理学を教えるポール・ブルームは『ジャスト・ベイビー――赤ちゃんが教えてくれる善悪の起源』(竹内円訳、NTT出版、二〇一五年) のなかで、エール大学乳幼児研究所で行ったいくつかの実験を紹介している。そのうちの一つはつぎのような実験である。ある人形が箱のふたを開けようと苦労しているときに、それを助けてくれる人形と、逆にそれを邪魔する人形が登場する劇を生後五カ月くらいの赤ちゃんに見せると、その赤ちゃんたちは手助けしてくれる人形の方を好むという結果が出たというのである。生後五カ月くらいの赤ちゃんであり、当然、まだ自分ではよい行動も悪い行動もできない。そうであってもすでに、他の人を邪魔する行為よりも、他の人を助ける行為を好むというのである。このような事実から、人間は生まれながらに道徳観を備えているという結論を引きだすことができるのではないかとブルームは主張している。

（3）十六世紀から十九世紀頃にかけてイギリスの子供たちのあいだで流行ったもので、ピンを押して、相手のピンを飛び越えると勝ちという遊びである。西田はこの遊びを「留針押しの遊」と表現している。

（4）ミル『功利主義論』（伊原吉之助訳）、『世界の名著』第四九巻『ベンサム　J・S・ミル』（中央公論社、一九七九年）四七〇頁。

（5）中島力造『教育的倫理学講義』（弘道館、一九一二年）一三六頁。

（6）中島力造『教育的倫理学講義』一四六頁。

（7）この点に関しては水野友晴「明治後半期における理想主義的人格実現説の成立について」（『宗教哲学研究』第一八号、二〇〇一年）を参照されたい。

第4章 宗教

1　西田は宗教をどのように理解していたか

†西田の宗教への関心

西田幾多郎の関心は形而上学や論理学から倫理学、美学、国家論など、多岐にわたるが、初期から晩年にいたるまで、くり返し宗教の問題についても論じている。たとえば『善の研究』の「序」でも「第四編は余が、かねて哲学の終結と考えて居る宗教について余の考を述べたものである」（五―六）と記している。また晩年にも、自らの体系をしめくくるものとして宗教論を書きたいということを、しばしば周りの人たちに語っている。それを実現したのが最後の論文「場所的論理と宗教的世界観」（亡くなる二ヵ月前の一九四五年四月に擱筆）であった。こうしたことからも、宗教の問題が西田の思想全体を貫く一つの軸であったと言うことができるであろう。

西田はなぜ宗教の問題に関心をいだいたのか、そこで何を考えたのか、西田の哲学のなかで宗教はどういう位置を占めるのか、こうした点について以下で考えてみたい。

西田が宗教に強い関心を抱いた背景には、彼が育った環境もある。西田は、いまの地名で言うと、石川県かほく市に生まれたが、北陸は一向一揆の例などにも見られるように、浄土真宗の信仰が強い力をもっていた地域である。西田の生まれた家も、浄土真宗の篤い信仰をもった家庭であった。『善の研究』を刊行した年に西田は「愚禿《ぐとく》親鸞」と題した短いエッセーを発表している。そのなかで次のように記している。「余は真宗の家に生れ、余の母は真宗の信者であるに拘らず、余自身は真宗の信者でもなければ、また真宗について多く知るものでもない」（一・三二四）。長じてから禅の修行に打ち込んだことを踏まえて、浄土真宗の信仰には詳しくないと述べているが、幼少期には真宗の信仰の篤かった母親の影響を強く受けたと想像される。それがこの「愚禿親鸞」の執筆につながったとも考えられる。あとでこのエッセーに触れたいが、その内容からも西田が浄土真宗に深い理解と共感を抱いていたことが窺われる。

†禅とキリスト教の影響

しかし西田が思想形成の過程で実際に強い熱意をもって取り組んだのは、いまも言ったように、禅の修行であった。西田の思想と禅との関わりについては、「4　西田哲学と禅」で詳しく見てみたいが、一つだけその関わりを知る手がかりとして、西田の最初期の弟子の一人で、禅の道を歩んだ森本省念の言葉を紹介したい（森本は京都府長岡京市にある長岡禅塾の老師を長く務めた人である)。『西田幾多郎全集』の第二版が出たときに森本はその月報に「私の西田先生」という文章を寄せている。その冒頭で、『善の研究』が出版された直後の頃の思い出に触れている。「時間割りの急変更で聴講者が集らなかった機会を利用して先生に質問しました、『善の研究』は西洋哲学諸研究からのみ出来たものか、それとも禅的修行とか見性《けんしょう》体験とかが加って出来たものでしょうか。先生ははっきりと云われました、両方からだ(1)」。

西田は浄土真宗や禅だけでなく、キリスト教からも大きな影響を受けている。一八九七年から一八九九年にかけて旧制の山口高等学校で教鞭を執っていた折に友人の山本良吉に送った手紙のなかで次のように記している。「余も始めて当地に参り候《そうろう》時は誠にいずれを見ても不快なりしが其後独りにてよく〳〵考え、今では何となく心安かに相成り申《もう》し候。いろ〳〵不満に思いし事も顧れば、己が心のいやしきを恥かしく存じ候。馬太伝《マタイ》の六章にWhich of you by taking thought can add one cubit unto his stature?〔汝らのうち誰か思い煩いて身の丈一尺を加え得んや〕の語を深く感じ候が、之《こ》の語を守れば別に不平の起る筈も有之《これある》間敷《まじき》と存じ候」(一九・四七)。

この時期、西田は、あとでも触れるようにさまざまな問題をかかえていた。それが禅の修行に向かわせたということも言えるし、このように聖書にも、その苦境を脱するための手がかりを求めていたことが分かる。『善の研究』の第三編「善」第十一章「善行為の動機（善の形式）」でも、また第四編「宗教」第一章「宗教的要求」でも、善行の、そして信仰の極致を示すために、「ガラテヤ人への手紙」（二・二〇）の「生きているのは、もはや、わたしではない。キリストが、わたしのうちに生きておられるのである」という言葉を引いている。

†西田哲学における宗教の位置づけ

西田は彼の哲学のなかで宗教の問題をどのように位置づけていたのであろうか。先ほど言ったように、西田は『善の研究』の「序」で、第四編の「宗教」について、「かねて哲学の終結と考えて居る宗教について余の考を述べたものである」と記している。なぜそれは「哲学の終結」なのであろうか。おそらく西田独自の宗教についての理解がそのことに関わっている。その点をまず見ておきたい。

西田の宗教をめぐる考察には、ある一つの特徴が見いだされる。『善の研究』の第四編「宗教」の第一章は「宗教的要求」と題されているが、そこでもっとも印象深いのは、「宗教は己《おのれ》の生命を離れて存するのではない、その要求は生命其者《そのもの》の要求である」（二二七）という言葉である。この言葉からも西田が、宗教を「生きる」という人間の営みと直接結びついたものとして理解していたことがよく見てとれる。生、つまりわれわれが生きるということの、もっとも深いところから現れでてくる要求に基づくものとして西田は宗教を理解していた。

そして、宗教はそのように「生命其者の要求」に基づくものであるが故に、学問や道徳と別のものではなく、むしろそれらとも深く結びついたものであると西田は考えていた。西田は一九一〇（明治四十三）年に最初は倫理学担当の助教授として京都大学に赴任した。その三年後の一九一三（大正二）年に教授となり、最初、宗教学講座を一年だけ担当した。その年に行った「宗教学」講義の草稿が残っている。その前年に京大に入学していた久松真一はこの講義を聞いたときの印象を次のように記している。「かねてから宗教に対して生死をかけての関心を持って居った為でもあり、又宗教的体験の深い先生の宗教学を特に渇望して居った為でもあろうが、当時この開講はまさに旱天の慈雨であった。筆者はこれまで誰のいかなる講義に於いてもかつて経験したことのない宗教的感激と学問的緊張とを以って、各週千秋の思いで聴講したものである」。かつて旧版の『西田幾多郎全集』が刊行された折り、久松は自らの筆記ノートをもとにこの「宗教学」講義を編集し、その第十五巻に収録した。引用した文章はこの第十五巻の「後記」からのものである（同書三九三頁）。

この講義のなかでも西田は宗教が「生命の要求に基く」ことを述べたあと、「宗教的信仰は学問道徳の基礎となると見なければならぬ」(一四・一〇五)と記している。生命そのものの要求に基づく宗教的な信仰が基礎にあって、はじめて学問や道徳が確固たる基盤をもつのだという考えをもっていたことが、ここからよく見てとれる。

†宗教的意識は学問や道徳の基礎

また先ほど言った「場所的論理と宗教的世界観」という最後の論文でも次のように言われている。「宗教的意識と云うのは、我々の生命の根本的事実として、学問、道徳の基でもなければならない。宗教心と云うのは、特殊の人の専有ではなくして、すべての人の心の底に潜むものでなければならない。此に気附かざるものは、哲学者ともなりえない」(一〇・三三二)。

ここには重要なことがいくつか述べられている。一つは、いまの「宗教学」講義草稿で言われていることと同じであるが、「宗教的意識」あるいは「宗教的信仰」が「生命の要求に基く」ものとして、学問や道徳の「基」、「基礎」をなしているということである。それは逆に言うと、学問や道徳が価値を有するのは、その根底に宗教的意識があるからだということでもある。そのように西田にとって、宗教は、学問や道徳に最終的な根拠を与えるものであった。だからこそ、宗教は哲学の「終結」として位置づけられたと言うことができる。もちろん、西田の哲学の根本概念は「純粋経験」であり、『善の研究』はそれを中心に組み立てられている。しかし、その哲学の営みを根本で支えているのは宗教であるという考えが西田にはあった。

そういう意味で西田は宗教を哲学の「終結」として位置づけたと考えられるが、それは、ただ単に哲学の最後に考察されるということではない。むしろ他の領域に最終的な根拠を与えるという意味で言われたと考えられる。つまり、どのように生きるのか、どのように死ぬのか、その生き方、死に方、つまり生と死に関する覚悟が定まっていて、はじめて学問や道徳が意味をもってくる、あるいはそれが生きたものになってくると考えたのであろう。

†「生命の革新」

もう一点重要なのは、先の引用で、「宗教心と云うのは、特殊の人の専有ではなくして、すべての人の心の底に潜むものでなければならない」と言われている点である。宗教はある特別な人だけがもつもの、あるいはある特別な人だけが至りうる特別な境地（たとえば禅の悟りを開いた人だけが至りうる境地）であるという理解に西田は反対する。「場所的論理と宗教的世界観」のなかでも西田は、宗教が「或る特殊な人の特殊な心理状態」ではないことをくり返し述べている。それは決して「特殊の人の専有」ではないのである。
だからこそ『善の研究』でも「宗教的要求」は、「生命其者の要求である」と言われているのである。しかし、この「生命其者」が要求するものとはいったい何なのであろうか。それを問うことは、とりもなおさず、西田が宗教のもとに何を考えていたのか、を問うことにもなる。

この問題を考える手がかりは『善の研究』第四編「宗教」の第一章「宗教的要求」の冒頭の次の言葉のなかにある。そこで西田は、「宗教的要求は自己に対する要求である、自己の生命についての要求である」と述べたあと、「真正の宗教は自己の変換、生命の革新を求めるのである」（二二三）と書き記している。

しばしば宗教の目的は「自己の安心《あんじん》」（二二四）にあるということが言われる——たとえば仏教で言う涅槃という言葉の原語nirvāṇaが「（煩悩が）吹き消された状態」を意味する言葉であったことにもそれを窺うことができる——。しかし西田は、宗教がめざすのは、「自己の安心」ではなく、「生命の革新」であると言うのである。「生命の革新」を求めるものこそ「真正の宗教」であるというのが、西田の理解であった。

†「真正の宗教」

付け加えて言うと、西田が『善の研究』の第四編「宗教」において問題にしたのは、この「真正の宗教」とは何かということであったと言うことができる。キリスト教や仏教などの具体的な宗教から出発して、その特徴がどこにあるかといったことを問題にするのではなく、そうした区別を取り払い、「宗教」を全体として問題にし、その本質がどこにあるか、あるいは、どういうあり方が「宗教」の本来のあり方、つまり「真正の宗教」であるか、といったことを問題にしようとしたのである。

そういうアプローチの仕方では、宗教の具体的なあり方は把握できないのではないかという批判もありうるであろう。しかし、個別の宗教を出発点に据えて、そこから宗教全般の問題を考えていこうとすると、どうしても個々の宗教の違いが浮かびあがってくる。そしてそのあいだの優劣ということが問題になってくる。そういう方法を西田はとらなかったのである。西田ももちろん宗教について語るにあたって、キリスト教や仏教など具体的な宗教を手がかりにしてはいるが、あくまで総体としての「宗教」、そしてそのあるべき姿を問題にしたと言うことができる。

言いかえると西田は、「宗教」のあるべき姿というものをまず考え、それを構成する要素を個々の宗教のなかに見いだしていくという方法をとった。そういう観点からすべての宗教を同じレベルに立つものと位置づけ、それぞれ、どういう仕方でこの「宗教」のあるべき姿が実現しているかを見ていった。そこでは、各宗教の対立点や優劣は問題にならない。このような観点から宗教を見ていくことは、宗教の問題を考察する上で、非常に重要な点であると思う。

†「偽我」からの脱却

いま見たように、西田は「真正の宗教」とは「生命の革新」を求めるものであると言うのであるが、この主張には、おそらく、この第四編「宗教」の第一章「宗教的要求」の直前、つまり第三編「善」第十三章「完全なる善行」の最後のところで、「宗教道徳美術の極意」は「主客合一の境に到る」ことであると言われ、また、そのためには「偽我を殺し尽して一たびこの世の慾より死して後蘇るのである」(一二一)と言われていることが関わっていると考えられる。

われわれは通常はわれわれのなかにある欲望に動かされて生きている。その欲望は、いったん満たされてなくなるのではなく、次の新しい欲望を生みだす。そしてそれはかぎりなく大きくなっていく。われわれはすぐにこの欲望の連鎖のなかに引きずり込まれてしまう。そうした自己のあり方を西田は「偽我」と言い表すのである。このあり方に根本的な変革を加えるのでなければ、「真正の宗教」の立場に立つことはできない。そういう意味で西田は、宗教の本質を「自己の変換、生命の革新」と言い表したのである。

先ほど、宗教ではしばしば「自己の安心」がめざされるということを言った。しかし、利己心の延長上にそれを求めるとき、人は「偽我」でありつづける。それを西田は退けたのである。そうした自己のあり方の徹底した変換を西田は求めたのである。この自己に対してその根本的な転換を求める要求を西田は「人心の最深最大なる要求」（二二七）であると言い表している。人間はさまざまな要求をもつが、それらは人間のなかのある一部にその根拠をもっている。それに対してこの要求は人間の存在全体に関わる。その意味で「最深最大」の要求と言われたのであろう。宗教が「哲学の終結」と言われるほんとうの意味は、ここにあると考えられる。

†「純粋経験」と宗教

いま触れたことに関わるが、第三編第十三章「完全なる善行」において西田は、彼自身の倫理観を「真の善とはただ一つあるのみである、即ち真の自己を知るというに尽きて居る」（二二一）という言葉で言い表している。この「真の自己を知る」というのは、——

「第3章　善」においてすでに引用したが――「自己の全力を尽しきり、ほとんど自己の意識がなくなり、自己が自己を意識せざる所に、始めて真の人格の活動を見る」(二〇三)と言われるときの「真の人格の活動を見る」ということを指す。そして西田は――「第2章　実在」で見た「我々の思惟意志の根柢における統一力と宇宙現象の根柢における統一力とは直に同一である」という考え方につながるのであるが――この「真の自己」は同時に「宇宙の本体」でもあると言う。「真の自己を知る」というのは、「宇宙の本体と融合し神意と冥合《めいごう》する」(二二一)ことであるというのが西田の理解であった。

そこで西田は、このように「主客合一の境に到る」ことは善行の極致であるだけでなく、「宗教道徳美術の極意」でもあるとしている。宗教もまた「主客合一の境に到る」ことをめざすというのである。この「主客合一の境」とは、「第2章　実在」で見たように、とりもなおさず「純粋経験」の立場を指す。「宇宙の本体と融合し神意と冥合する」というのは、宗教の観点から捉えなおされた「純粋経験」であると言ってよい。西田の宗教論も、「純粋経験」の概念を踏まえて展開されていることがここから見てとれる。

†ジョットの一円形

西田は「宗教道徳美術の極意」である「主客合一の境」が何かを具体的に示すために、

ジョット・ディ・ボンドーネ（『芸術家列伝』より）

「昔ローマ法皇ベネディクト十一世がジョットーに画家として腕を示すべき作を見せよといってやったら、ジョットーはただ一円形を描いて与えた」（二二一）という逸話を引きあいに出している。

ジョット・ディ・ボンドーネ（Giotto di Bondone, 1266/7–1337）は十四世紀に活躍したイタリアの画家である。自ら画家でもあり、建築家でもあったジョルジョ・ヴァザーリ（Giorgio Vasari, 1511-1574）が残した『もっともすぐれた画家、彫刻家、建築家の生涯』（一五五〇年）、いわゆる『芸術家列伝』（西田はその英訳〔抜粋〕である*Lives of Italian Painters*を所有していた）のなかに「ジョット」の章があり、そこにいま触れたエピソードが記されている。それは、ベネディクトゥス九世（原本では九世となっている。ただし、正確にはボニファキウス八世であるとのことである）がヴァチカンのサン・ピエトロ大聖堂に絵を描かせる画家を選びだすために、イタリアのすぐれた画家たちにデッサンを描くことを依頼した際に起こった出来事であった。それをヴァザーリは次のように記している。「選定をまかされた家臣は……ある朝、ジョットを仕事場へ訪ね、……法王へ参考として送るために少しデッサンを描いてくれまいかと頼んだ。

ジョットは気持よくそれに応じ、紙を一枚取り出すと、右腕を右脇にしっかりと固定して、それをコンパスの軸とし、赤に染まった筆を手先でぐるっとまわして円を描いた。それは一点非の打ちどころのない完全な円であった」[2]。法王の家臣は自分が愚弄されたと思い、別のデッサンを要求したが、ジョットが「それで十分だ」と言って拒否したため、やむをえずそれを他の画家のデッサンとともに法王に送ったところ、法王と廷臣たちは、ジョットが抜群の才能の持ち主であることをたちどころに了解し、サン・ピエトロ大聖堂にキリストの生涯を描くことを依頼したという逸話がそこに記されている。

西田は「真の善とは何か」という問いとの関わりでこのエピソードをもちだしたのであるが、名誉への欲求や巧拙へのこだわりなどからまったく自由に、行為そのものに没入した(描くことになりきった)ジョットの境地――「主客合一の境」――を、道徳だけでなく、芸術の、そして宗教の「極意」をしめすものと捉えたのである。

†宗教は神秘的な直観ではない

先に見たように、西田は「宗教心と云うのは、特殊の人の専有ではない」とも、宗教は「或る特殊な人の特殊な心理状態」ではないとも主張する。しかし、一般的に言えば、すべての人が宗教に関心をもっているわけではない。多くの人は宗教心のようなものをもたないで、日々の生活を送っている。そして宗教というと、たとえば禅などのように、長い年月をかけて修行をし、その結果、いわゆる悟りの境地に立った人をその典型として考えている。

そういう理解を西田は退けるのである。『善の研究』と比べるとだいぶんあとになってから書かれたものであるが、一九四〇年に発表された「実践哲学序論」と題した論文のなかでも西田は次のように述べている。「宗教と云えば、此日常経験の立場を離れて、神秘的直観の如きものでも考えられるかも知らぬが、かゝる宗教は無用の長物たるに過ぎない。宗教とは我々の日常生活の根柢たる事実でなければならない」(九・一八八)。

この文章から明瞭に見てとれるように、宗教は特殊な人だけが経験しうる神秘的な体験とか神秘的な直観を意味するのではない。そのような経験を西田は「無用の長物」として、あるいは「閑人《かんじん》の閑事業」(一〇・三五九)として退けている。西田の考えでは、宗教は、われわれがこの世界で生きているということ、そういう意味での日常の経験から切り離して考えることはできない。宗教的な要求は、すべての人がもっているはずだし、それは、あるときたまたま人が抱く要求ではなく、「人心の最深最大なる要求」であるというのが西田の理解であった。

†「永遠の真生命」の獲得

しかし、人はいつもこの「人心の最深最大なる要求」を意識しているわけではない。先ほど「宗教心と云うのは、……すべての人の心の底に潜むものでなければならない」という言葉を引用したが、この文章は、宗教心が多くの場合、「人の心の底に潜」んでいることを示している。われわれは通常は、自己の心の底にある宗教心に目を向けないで暮らしている。

もしそうであるとすれば、われわれは、いつ、その蔽われた宗教心に気づくのか、言いかえれば、いつ蔽われた自己自身に向きあうのか。それが問題になる。

この問題は、最後の論文「場所的論理と宗教的世界観」においても中心の問題であった。その内容にここで立ち入ることはできないが、『善の研究』で言えば、第四編第一章の冒頭の次の言葉が、その問いに答える手がかりになるであろう。そこで西田は「自己の生命についての要求」が具体的にどういう要求であるかを説明して、「我々の自己がその相対的にして有限なることを覚知すると共に、絶対無限の力に合一してこれに由りて永遠の真生命を得んと欲するの要求である」(二二三)と述べている。

通常のわれわれのあり方は「相対的にして有限」である。先ほどの言い方で言えば、

「この世の慾」に囚われた「偽我」というあり方をしている。欲望に踊らされて、自分がめざすべきものを見失ってしまう。そしてそこから抜け出ることができない。まさにそこで、つまり「偽我」というあり方から抜け出る方策をまったくもたない自己のありようを自覚したときに、われわれは、われわれの心の底にある宗教心に目を向けるようになるというのである。そこでわれわれは、西田の理解によれば、自己の有限性を脱して「絶対無限の力に合一」(二二三)することをめざす。そのことによって「生命の革新」が実現され、「永遠の真生命」が獲得されると考えられる。

そのことを西田は、第三章「神」において、「自己の小意識を破って一大精神を感得する」(二四九)ことであるとしている。ここに西田の宗教理解の核心があると言ってよいであろう。それを西田は第二章「宗教の本質」では、「神と同一体」になることと、あるいは「神人合一の意義を獲得する」(二三四)ことと表現している。真の宗教的要求とは、このように絶対的な存在と合一することによって「自己の変換」、「生命の革新」を実現しようとすることであるというのが、西田の考えであったと言うことができる。

†「我らの根本」としての神

この西田の考えに対して、次のような疑問を抱く人もいるかもしれない。先にも言われていたように、われわれ人間は「相対的にして有限」な存在である。その有限な存在である人間がなぜ神という絶対的な存在との合一を経験することができるのであろうか。

この問いをめぐって西田は第二章の冒頭の段落で、「神」についてまず、「宇宙の根本と見ておくのが最も適当であろうと思う」(二二九)と述べたあと、「もし神と我とはその根柢において本質を異にし、神は単に人間以上の偉大なる力という如き者とするならば、我々はこれに向って毫《ごう》も宗教的動機を見出すことはできぬ」(二二九)と記している。もし神が人間とはまったく次元を異にした存在であるならば、両者のあいだには宗教的な関係は成立しない、つまりわれわれが神を求めるようなことはありえないというのである。

われわれがそれに対してそれとの合一を願うのは、そこに共通するものがあるからだというのが西田の考えであった。この章ではそのことが「凡ての宗教の本には神人同性の関係がなければならぬ」(二二九―二三〇)と表現されている。あるいは神は「我らの根本」であるとも言われている。西田によれば神は、われわれがそこから成立し来たった根源であり、いったんそこから離れたとしても、結局、そこへと帰っていく「家郷《かきょう》」(二三〇)なのである。それゆえ「絶対無限の力」に合一することは、自分というものがなくなってしまうこと、つまり自己を失うことではない。むしろ自己を得ること、自己の本来の場所に帰ること、本来の自分になることであると西田は考えている。

†「宇宙的精神の実験」

そのような観点から西田は、「かく最深の宗教は神人同体の上に成立することができ、宗教の真意はこの神人合一の意義を獲得するにあるのである」(二三四)と言うのである。もっとも深い宗教、真の意味での宗教は、「我らの根本」である「絶対無限の力」と一体になり、それを通して「生命の革新」を実現するところに成立するという西田の宗教理解が、ここによく表現されている。それは、「利己心の変形」であるような宗教、「自己の安《あん》心《じん》」のために祈ったり、修行をしたりする宗教に対する批判を含むものであったと言ってよい。

この引用文のあと西田は引き続いて、「即ち我々は意識の根柢において自己の意識を破りて働く堂々たる宇宙的精神を実験するにあるのである」(二三四)と記している。「実験する」というのは、当時は、「実地に経験する」という意味で使われた言葉であった。「神人合一の意義を獲得する」というのは、「自己の意識」——これは先ほどの「自己の小意識」にあたる——を打ち破って、そこに堂々として働く「宇宙的精神を実験する」、つまりリアルにそれを経験することにほかならない。

†自己の融解

われわれがわれわれの「小意識」、つまり自我という殻を破って「絶対無限の力」と一つになることがどういうことを意味するのかを、具体的に見てみたい。その例として西田は第三章「神」のなかで、十九世紀のイギリスの詩人テニソン（Alfred Tennyson, 1809–1892）と、同じく十九世紀に活躍したイギリスの文学者・詩人のシモンズ（John Addington Symonds, 1840–1893）の経験を挙げている。テニソンについては次のように言われている。「氏が静に自分の名を唱えて居ると、自己の個人的意識の深き底から、自己の個人が溶解して無限の実在となる、しかも意識は決して朦朧《もうろう》たるのではなく最も明晰確実である」（二四八）。またシモンズについても、「我々の通常の意識が漸々《ぜんぜん》薄らぐと共にその根柢にある本来の意識が強くなり、遂《つい》には一の純粋なる絶対的抽象的自己だけが残るといって居る」（二四八）と言われている。

これらはウィリアム・ジェームズの『宗教的経験の諸相』（*The Varieties of Religious Experience,*

THE
VARIETIES OF RELIGIOUS
EXPERIENCE
A STUDY IN HUMAN NATURE
BY
WILLIAM JAMES
LONGMANS, GREEN, AND CO.

西田所蔵の『宗教的経験の諸相』
（京都大学文学研究科図書館蔵）

1902）第十六・十七講「神秘主義」のなかで挙げられている例である。西田がこの書に関心を抱いたのは、当時アメリカ・イリノイ州にあるオープン・コート出版社で雑誌の編集などの仕事をしていた鈴木大拙から勧められてのことであった。一九〇二（明治三十五）年の九月二十三日付の西田に宛てた手紙のなかで、大拙はこの本を読んだ感想を次のように書き送っている。「頗《すこぶ》る面白し、自余の哲学者の如く無理に馳せず、多くの具体的事実を引証して巻を成す、同教授はよほど宗教心に富むと見えたり、ケーラス氏〔大拙が勤めていたオープン・コート社の経営者兼編集者〕などの宗教論と違い、直に人の肺腑に入る、宗教的経験を妄想迷信と云う名の下に却《しりぞ》け去らず、之を心理上の事実として研究せんとする教授の見処既に予の意を得、フイリング〔feeling〕を第一としてインテレックト〔intellect〕を次に置き、宗教は哲学、科学を離れて別調の生涯あり、而して此生涯は事実なりと説く、君もし閑あらば一読して見玉わんか、必ず君を益する所あらんと信ず(3)」。

この書簡への返信のなかで西田は、「御申越のゼームス教授の The Varieties of Religious Experience とか申す書物余程面白きものゝ由小生もどうか一読したき者に御座候」（一九・六二一—六二三）と書き送っている。おそらく西田はすぐにこの書を読み、その叙述に深い共感を抱いたのであろう。それがいま挙げたテニソンやシモンズへの言及に反映している。

†自己の「内面的再生」

もちろん西田の言う「神人合一」の経験、絶対無限の力に合一し、「永遠の真生命」を得るという経験は、個人の「溶解」ということに尽きるものではない。

第二章「宗教の本質」において西田は、「神人同体」の意義を次のように表現している。「ヤコブ・ベーメのいった様に、我々は最深なる内生 die innerste Geburt に由りて神に到るのである。我々はこの内面的再生において直に神を見、これを信ずると共に、ここに自己の真生命を見出し無限の力を感ずるのである」（二二四）。これはベーメの主著『アウローラ、明け初《そ》める東天の紅』（*Aurora, oder Morgenröthe im Anfange*, 1612）のなかの、「もしも人間の眼が開かれさえすれば、彼はいたるところにその天にある神を見るであろう。なぜなら、天はその最内奥の誕生のうちにあるからである」[4]というような記述を踏まえる。西田が「神人合一」をただ神の存在の感得としてだけではなく、同時に自己の新しい生命の誕生として、またその新しい生命の自在な活動として理解していたことが以上の文章から読み取ることができる。西田は「自己の変換、生命の革新」の具体的な例をここに見ていたと言ってよいであろう。

2　神

†実在の根底としての神

西田は宗教の本質を、「自己の小意識を破って一大精神を感得する」という点に、そしてそれを通して「生命の革新」を実現するという点に見ていた。その具体的なあり方をいま名前を挙げたヤーコプ・ベーメらのドイツ神秘主義の思想のなかに、また禅や親鸞の他力の信仰のなかに見ようとしている。西田がそれらの信仰の立場をどのように理解していたかを以下で見ていきたいが、それに先だって、第四編第三章「神」で問題にされている西田の独自の「神」の理解について見ておきたい。

西田が「神」と言う場合、それはただキリスト教で言われる「神」だけを指すのではない。一四六頁で、西田が宗教を問題にするとき、仏教やキリスト教など、個別の宗教を出発点に据えて、そこから宗教全般の問題を考えるのではなく、あくまで総体として「宗教」とは何か、そしてそのあるべき姿とは何かということをまず考えようとしていると言った。「神」と言う場合も、ある特定の宗教の「神」を前提にするのではなく、すべての宗教において考えられている、人間の有限性を超えた無限な存在、超越的な存在を表す言葉として、この「神」という言葉を使っている。

そのような意味での「神」を西田は具体的にどのように理解していたのであろうか。いま見たように、西田は、神とは「宇宙の根本」であると言うのであるが、その言い方のなかにすでに、独自の「神」理解が表現されている。いまの文章に続いて、「余は神を宇宙の外に超越せる造物者とは見ずして、直《ただち》にこの実在の根柢と考えるのである」(二三六)と書いている。

第二編「実在」の第十章「実在としての神」でも次のように言われている。「いわゆる宗教家の多くは神は宇宙の外に立ちてしかもこの宇宙を支配する偉大なる人間の如き者と考えて居る。しかし此《かく》の如き神の考は甚《はなは》だ幼稚であって、啻《ただ》に今日の学問知識と衝突するばかりでなく、宗教上においても此の如き神と我々人間とは内心における親密なる一致を得ることはできぬと考える」(一二八―一二九)。

ここでもはっきりと言われているように、西田は、神を、宇宙の外に存在する超越的存在として見る見方、あるいはそこから宇宙を支配している偉大な存在として見るような見方を、幼稚なものとして退けている。もし神がそういうものであれば、われわれ有限な人間とそういう絶対的な存在とのあいだに何らかの関係が生まれることはないというのである。

†宇宙とその根本としての神との関わり

もしそうであるとすると、今度は、「宇宙の根本」である「神」と、宇宙、あるいはわれわれ人間とのあいだにはどのような関わりがあるのか、どのように関係しあっているのか、ということが問題になる。

この点に関して第二編第十章では次のように言われている。「宇宙にはただ一つの実在のみ存在するのである。而《しか》してこの唯一実在はかつていった様に、一方においては無限の対立衝突であると共に、一方においては無限の統一である、一言にて云えば独立自全なる無限の活動である。この無限なる活動の根本をば我々はこれを神と名づけるのである。神とは決してこの実在の外に超越せる者ではない、実在の根柢が直に神である」(一二八)。

宇宙と神という二つの実在が別々に存在しているのではなく、宇宙には宇宙という一つの実在のみが存在するというのである。そこには無限の対立や衝突があるが、しかし同時にその対立や衝突はふたたび統一されていく。この対立から統一へ、そしてふたたび対立し、この対立から統一へという「独立自全なる無限の活動」のみが存在している。この「活動の根本」が「神」だというのである。

†宇宙は神の表現

しかし、「活動」と「活動の根本」とはどのように違うのであろうか。両者はどのような関係にあるのであろうか。その点に関して西田は、第四編第三章「神」で次のように述べている。「神と宇宙との関係は芸術家とその作品との如き関係ではなく、本体と現象《じつげつせい》との関係である。宇宙は神の所作物ではなく、神の表現 manifestation である。外は日月星辰《しん》の運行より内は人心の機微に至るまで悉《ことごと》く神の表現でないものはない、我々はこれらの物の根柢において一々神の霊光を拝することができるのである」(二三六)。

「活動の根本」と「活動」との関係は、「本体と現象」との関係であるというのが西田の理解であった。宇宙は、宇宙の外にある神が作ったものではなく、「神の表現 manifestation」であるというのである。この「表現」は、芸術家が自分の思いを絵画や彫刻などの作品のなかに込めるという意味での表現とは異なる。芸術家が筆や鑿《のみ》を使って、自分の外に作品を作りだした場合、その作品と芸術家とは別のものである。そのあいだには、言わば外的な関係が成り立っている。それに対して神とその「表現」との関係はそのような外的な関係ではないということが言われている。日月星辰をはじめ、自然界のすべてのものの運動の、そしてわれわれのすべての意識の働きの根底にただちに神が働いているというのである。

†統一力としての神

しかし神はいかなる意味において、すべての運動や現象の「本体」なのだろうか。

第三章「神」において西田は、たとえば地球が一定の周期で太陽の周りを回るといった整然とした運動にせよ、われわれのものを考えたり、表現したりする行為にせよ、「統一的或る者の自己発展」（二四〇）という性格をもつこと、言いかえればそれ自体が「純粋経験」であることを述べている。そこには「統一力」が働いている。この統一力が神だと言われている。また神は、「統一的或る者の自己発展」という形式をもつ実在の「統一者」である（二四〇）とも言われている。「第2章　実在」で見たように、西田はわれわれの個々の直接経験だけでなく、「宇宙の活動其者」をも「純粋経験」とみなしている。それを統一するものが神なのである。具体的には次のように言われている。「神はかかる意味において宇宙の根柢における一大知的直観と見ることができ、また宇宙を包括する純粋経験の統一者と見ることができる」（二四五）。

同じ第三章「神」において西田は、「実在の統一者」をまた「人格」という言葉でも言い表している。そういう観点から、「神は宇宙の根柢たる一大人格であるといわねばならぬ」（二四一）と述べている。「宇宙は神の人格的発現」であるというのである。「人格」という表現は、先ほど見た、宇宙の外に立ってそれを支配している偉大な人物のようなものを思い起こさせるが、西田は「人格」のもとに、そのようなものを考えているのではない。神は宇宙の外に、それから離れて存在する知性でも意志でもない。「神においては知即行、行即知であって、実在は直に神の思想でありまた意志でなければならぬ」（二四一）と言われている。

先ほど西田が、神と宇宙との関係は「本体と現象」との関係であると述べているのを見たが、この本体は現象とは別に存在するのではない。それがそのまま現象なのである。日月星辰の運動にしても、この運動をまとまりのあるものにしている統一力とこの運動とは別のものではないのである。西田は両者を一体のものとして考えていたと言ってもよい。そのことを「知即行、行即知」と表現したのである。

†神は知識の対象にはならない

この「宇宙の根本」であり、「活動の根本」である「神」をわれわれはどのように知ることができるのであろうか。この問いに関して西田は、「この統一其者は知識の対象となることはできぬ」（二四二）と答えている。あるいは「不可知的」（二四六）という言葉でそのことを言い表している。われわれはこの「宇宙の根本」である神を直接見ることはできないのである。それについて「かくかくしかじかである」と語ることはできない。つまり、それはそのものとしては人間の知の領域には入ってこないのである。

そうであるすると、神はわれわれ有限な人間を端的に超越したものであって、人間とは接点をもたないと考えるほかないのであろうか。その疑問に対して、西田は「一方より見ればいかにも不可知的であるが、また一方より見ればかえって我々の精神と密接して居るのである」(二四六) と述べている。しかし、「我々の精神と密接して居る」というのは具体的にどのような事態を指すのであろうか。われわれはいかにしてそのことを知りうるのであろうか。また、いかにしてわれわれはこのわれわれと密接した神へと至りうるのであろうか。

†内心における神の直覚

このわれわれはいかにして神へと至りうるのかという疑問に対して、西田は第二編第十章「実在としての神」で、宗教の歴史にその答を探ろうとしている。具体的には次のように述べている。「神を外界の事実の上に求めたならば、神はとうてい仮定の神たるを免れない。また宇宙の外に立てる宇宙の創造者とか指導者とかいう神は真に絶対無限なる神とはいわれない。上古における印度《インド》の宗教および欧州の十五、六世紀の時代に盛《さかん》であった神秘学派は神を内心における直覚に求めて居る、これが最も深き神の知識であると考える」（一三二）。「内心における直覚」を通して、というのが西田の答であったと言えるであろう。

「上古における印度の宗教」というのは、この章で「実在の根柢には精神的原理があって、この原理が即ち神である。印度宗教の根本義である様にアートマンとブラハマンとは同一である」（一二九）と言われているが、このブラフマンとアートマンを核とする古代インドの宗教を指すと言ってよいであろう。「ブラフマン」という言葉は紀元前一二〇〇年頃に作成されたと考えられる『リグ・ヴェーダ』――古代インドのバラモン教の聖典である『ヴェーダ』の一つ――にもすでに見える。紀元前五〇〇年前後に作成された「ウパニシャッド」――『ヴェーダ』の最後の部分を構成するもので、奥義書とも言われる――では、宇宙の非人格的な最高原理を指す根本概念として用いられた。アートマンは、もともとは人間の息、気息を意味する言葉であったが、個々の生命の本体を表す言葉として用いられた。「ウパニシャッド」では、この個人の本体であるアートマンと、宇宙の根本原理であるブラフマンとが本来は同一であるということが説かれた。いわゆる「梵我一如」と言われる思想である。個人の本体であるアートマンを通して、宇宙の根本原理であるブラフマンが何かを知りうるという考えがそこにはあった。

一方、「欧州の十五、六世紀の時代に盛であった神秘学派」というのは、第二編第十章や第四編第二―四章でくり返しその名前が挙げられるマイスター・エックハルト（Meister Eckhart, ca.1260-1328）や、ニコラウス・クザーヌス（Nicolaus Cusanus, 1401-1464）、ヤーコプ・ベーメ（Jakob Böhme, 1575-1624）ら、ドイツ神秘主義の思想家らを指す。彼らの思想の具体的な内容については以下で見てみたい。

3 西田とドイツ神秘主義

†個々の人間のなかに潜む無限の統一力

第二編第十章において西田はいま述べた問い、つまり「我々の直接経験の事実上において如何に神の存在を求むることができるか」（一三一）という問いを立て、それに対して次のように答えている。「時間空間の間に束縛せられたる小さき我々の胸の中にも無限の力が潜んで居る。即ち無限なる実在の統一力が潜んで居る、我々はこの力を有するが故に……自己の心底において宇宙を構成する実在の根本を知ることができる、即ち神の面目を捕捉することができる。人心の無限に自在なる活動は直に神其者を証明するのである。ヤコブ・ベーメのいった様に翻《ひるがえ》されたる眼 umgewandtes Auge を以て神を見るのである」（一三一）。

ここでまず注目されるのは、有限な存在であるわれわれのなかにも無限の力が表現されている、つまり、「無限なる実在の統一力」が潜んでいると言われている点である。先に見たように、西田は第四編第二章「宗教の本質」の冒頭の段落で、もし神と我とが根本的に異なるのであれば、われわれは神によって救われたいというような宗教的動機をもつことはない、神と一つになることを願うのはそこに共通するものがあるからだと述べていた。すべての宗教のもとに、「神人同性の関係」がなければならないと言われていた。それと同じように、ここでも、われわれのなかに神と同じ無限の力があるが故に、実在の根本を知ることができるし、神が何であるかを把握することもできるということが言われている。

ヤーコプ・ベーメ

†ヤーコプ・ベーメ

ヨーロッパ、とくにドイツの神秘哲学者たちの宗教観のなかにそうした考え方が見いだされると西田は考えていた。ここではその代表としてヤコブ・ベーメの名前が挙げられている。西田はベーメの思想に深い共感を抱いていた。そのことを示すおもしろいエピソードがある。西田の思索の特徴はその強靭な思索力にあり、体も頑健であったと思われがちであるが、実際はそうではない。第四高等学校に勤務していた頃も、京大に移ってからも胸膜炎などの病気を抱え、体調がすぐれなかった。弟子の務台《むたい》理作が西田の没後に発表した「その頃の西田先生」というエッセーのなかで、そのために講義をよく休み、雨降りの日にはほとんど休講になったということを記している。しかし、「それでもヤコブ・ベーメとシェリングについて時間をかけて話されたことは印象に深い[5]」と務台は記している。

ベーメは、先の引用で言われているように、「翻されたる眼 umgewandtes Auge」ということ、つまり、われわれが自己の内面へと眼を翻す必要性を強調したことで知られる。それを踏まえて西田は、われわれが自分の目を翻して、自分のなかに潜んでいる「無限なる実在の統一力」に目を向ければ、おのずから宇宙の真理を把握することができると言うのである。

第四編第三章「神」では、「我々の意識の根柢にはいかなる場合にも純粋経験の統一があって……」(二四五)と述べたあと、「我々はこの意識統一の根柢において直に神の面影に接することができる。故にベーメも天は到る処にあり、汝の立つ処行く処皆天ありといいまた最深なる内生に由って神に到るといって居る（Morgenröte）」（二四六）と記している。Morgenröteというのは、文字通りに訳すと「朝の赤」という意味であるが、先に挙げたベーメの『アウローラ、明け初める東天の紅』という著作を指す。

「天は到る処にあり、汝の立つ処行く処皆天あり」というのは、先にも引用したこの『アウローラ』のなかの「もしも人間の眼が開かれさえすれば、彼はいたるところにその天にある神を見るであろう」という表現を踏まえる。われわれがわれわれの眼を翻せば、その「最内奥」に天は誕生するのである。このようにしてわれわれは神へと至りうるというベーメの神理解に西田は深い共感を抱いたのである。

†「無顕現の神」

西田がベーメに強い関心を寄せていたことは、『智山学報』という雑誌（真言宗智山派の僧侶育成機関として京都の智積院にできた智山勧学院から出されていた雑誌。西田はそこで講師を務めた）に一九一四年に「ヤコップ、ベーメ」と題した文章を発表していることからも分かる。そのなかで西田は、「ベーメの思想は多くの神秘学者の所謂神以前に無顕現の神を認めて居る。この絶対的神は昔消極神学の著者のいった様に何とも言い様のないものである、無であると共に凡てである」（一一・八八―八九）と記している。

「無顕現の神」という表現が興味深い。『聖書』のあちこちの記述に見えるように、神は人間の前に現れ、そして人間に語りかける。そこに信仰が成立すると言ってもよい。しかし他方、神はそのすべてを人間に示すわけではない。つまり、神には、人間には現れない、隠れた面がある。そのことをこの「無顕現の神」という言葉は示している。

もともと神秘主義を意味する“mysticism”という言葉は、ギリシア語の“μυστήριον (mysterion)”つまり「秘儀」という言葉に由来するが、それは元来、“μύειν (myein)”、つまり「目あるいは口を閉じる」という言葉から来たものである。神は本来、その姿を人間には示さないものであり、したがって人間は神については口を閉ざさざるをえない、そこから神秘主義という立場が生まれてきたと言うことができる。

先ほどの引用文のなかに「消極神学」という言葉があったが、キリスト教の神学には「肯定神学」と「否定神学」、あるいは「積極神学」と「消極神学」という二つの道があると言われる。「肯定神学」というのは「神は〜である」という仕方で、神が何であるかを積極的に語る立場を指す。それに対して「否定神学」は、神については、「神は〜でない」、たとえば「神は形や姿をもたない」とか、「変化し、流転しない」とか、そういった否定的な表現でしか語ることができないという立場を指す。

三世紀に出た新プラトン学派のプロティノスなどにその古い形を見いだすことができる

が、先ほど名前を挙げたエックハルトやベーメなどはこの否定神学の影響を強く受けている。

†エックハルトの「神性」

西田は第四編第三章で、神は「宇宙を包括する純粋経験の統一者と見ることができる」と述べたあと、アウグスティヌスの思想を踏まえながら、「神は静にして動、動にして静」（二四五）であると述べている。「動」というのは神の人間に現れてくる側面を指すのに対し、「静」は人間には隠れた「不顕現」の側面を指すと言ってよいであろう。そのように述べたあと、「エッカルトの「神性」Gottheit およびベーメの「物なき静さ」Stille ohne Wesen といえる語の意味も窺うことができる」（二四五）と記している。

エックハルトの神理解の特徴は、いわゆる神（Gott）と、神性（Gottheit）とを区別した点にある。神は、人間に現われるかぎりでの、あるいは、人間に向きあったかぎりでの神である。それに対して「神性」の方は、人間の理解を超えた神そのもの、神それ自体を指す。

この「神性」についてエックハルトは、「マタイによる福音書」（一〇・二八）にある言葉、「からだを殺しても、魂を殺すことのできない者ども〔地上の権力者のこと〕を恐れるな。むしろ、からだも魂も地獄で滅ぼす力のあるかた〔神〕を恐れなさい」という言葉をめぐってなされた説教のなかで、次にように述べている。「神性（Gottheit）のうちにあるすべてのもの、それは一であり、一について人は語ることはできない……。神は働き、神性は働くことがない。神性は働くべきいかなるものを持たず、神性の内にはいかなるわざもない(6)」。このいかなる言葉でも表現できない、いかなる述語によっても規定することのできない、まったき超越としての神をエックハルトは「沙漠」とも、「闇」とも、また「無」とも言い表している。

†クザーヌスの「無」

ドイツ神秘主義者たちの一つの特徴は、このように「無顕現の神」を「無」と捉えている点にある。西田もその点に惹かれたのではないかと思う。

第四編第四章「神と世界」の冒頭の段落で西田は、やはりドイツ神秘主義思想家の一人であるニコラウス・クザーヌスに言及し、次のように述べている。「ニコラウス・クザヌスの如きは神は有無をも超越し、神は有にしてまた無なりといって居る」（二五〇）。クザーヌスには「隠れた神について」（De deo abscondito）と題された文章があるが、そこで言われていることを踏まえている。

しかし西田は同時に、クザーヌスの言う神が単なる無ではないということも述べている。存在する者の根底にははっきりと「動かすべからざる統一の作用」(一三二)が働いている。それが神だというのである。第二編第十章には、「神はこれらの意味における宇宙の統一者である、実在の根本である、ただその能《よ》く無なるが故に、有らざる所なく働かざる所がないのである」(一三三)という記述がある。無であるがゆえに、言いかえれば、一切の限定をもたないゆえに、あらゆるものでありうる、あらゆるところで働くことができる。これがクザーヌスの考えであった。先に引用した「神は静にして動、動にして静」という言葉も、こうした神の理解を表現したものと言うことができる。

ニコラウス・クザーヌス

†神との合一

以上で見たように、神秘主義の思想においては神の不可言説性が強調される。しかし、そこでは同時に、その語りえない神にいかにして近づきうるのかということも問題にされている。ベーメにとっては、「翻された眼」がその通路であったと言ってよいであろう。エックハルトは、人間が自己のうちにあるものすべてを外に投げ出し、無となるならば、無である神のなかに移し入れられ、神と合一することができると説いている。

先ほど、「かく最深の宗教は神人同体の上に成立することができ、宗教の真意はこの神人合一の意義を獲得するにあるのである。即ち我々は意識の根柢において自己の意識を破りて働く堂々たる宇宙的精神を実験するにあるのである」という文章を引用したが、西田がこのように語るとき、念頭に置いていたのは、以上で見たドイツ神秘主義の思想家たちの神理解であったと言うことができる。また、宗教的な要求とは、「我々の自己がその相対的にして有限なることを覚知すると共に、絶対無限の力に合一してこれに由りて永遠の真生命を得んと欲するの要求である」と西田が言うとき、その背景にあったのは、このドイツ神秘主義の思想家たちの思想であったと考えられる。そういう意味で、西田の宗教理解にとって、ドイツ神秘主義の思想はきわめて大きな意味をもっていたと言ってよい。

4　西田哲学と禅

†『善の研究』と東洋の伝統思想

「2　神」で見たように、西田は、神とは「宇宙の根本」であると言うのであるが、宇宙とこの根本とは別のものではなく、すべての運動や現象をまとまりのあるものにしている統一力が神であるというのが彼の考えであった。この統一力自体は知の対象とはなりえず、「無」と表現されざるをえないが、しかしそれは具体的な運動や現象と関わりのないものなのではなく、むしろそれと一体なのである。それはそれゆえに、つまり「能《よ》く無なるが故に」、いたるところにあり、いたるところで働くのである。両者が切り離すことができず、一体であることを西田は第四章「神と世界」で、「有を離れたる無は真の無でない」（二五一）と言い表している。個々の存在との関わりをまったくもたないような純粋な無というのは、「真の無」ではないというのである。個々のものがあるからこそ、無も無である。これが、「神とこの世界との関係は如何なるものであろうか」という問いに対する西田の答であったと言うことができる。

そのことを西田は、「元来、実在の分化とその統一とは一あって二あるべきものではない」（二五二）とも、「神は即ち世界、世界は即ち神である」（二五三）とも表現している。そしてそれとの関わりで、「天地ただ一指、万物我と一体」（二五三）とも記している。これは禅でしばしば用いられる言葉である。

このようにときおり禅の言葉が引かれることがあるが、『善の研究』を読んでいて注意を惹くことの一つは、西田がほとんど禅の問題に触れていないことである。西田は、前にも述べたように、若い頃、禅の修行に必死で取り組んだ。それが『善の研究』にも反映しているはずだということもよく言われる。しかし『善の研究』において西田は、哲学の問題をあくまで哲学の問題として考え抜き、論じようとした。そのためにこの書のなかでは、禅に言及することを慎重に避けている。

しばしば西田は『善の研究』において、禅の思想を西洋哲学の用語で説明し直したのだと言われることがあるが、決してそうではない。西田はあくまで、西洋の哲学が問い残した問題、あるいは答えられなかった問題から出発し、それに正面から取り組もうとした。しかし、それを問い進めていく過程で東洋の伝統的な思想が西田に影響を与えたこともまちがいがない。たとえば「純粋経験」を「主客合一、知意融合の状態」（五九）と言い表すとき、そうした思想が手がかりになったと考えられる。しかしそれ自体を論じることが、西田の意図したことであったのではない。

このように西田はこの書のなかで禅に言及することを慎重に避けたのであるが、しかし、ごくわずかであるが、禅の世界がその姿を見せている。その一つが、いま挙げた「天地ただ一指、万物我と一体」という言葉であった。あるいは第三編第十一章「善行為の動機（善の形式）」では、「天地同根万物一体」（二〇五）という言葉が引かれている。

†西田幾多郎と禅

これらの言葉の意味について考える前に、西田と禅との関わりについて少し見ておきたい。すでに述べたように、西田のいちばん身近にあったのは浄土真宗であったが、その思想形成の過程で強く惹かれ、そして実際に強い熱意をもって取り組んだのは禅の修行であった。もっとも熱心にそれに打ち込んだのは、山口高等学校で教鞭を執っていた頃(一八九七―一八九九年)から金沢の第四高等学校に戻った頃であった。ちょうどその頃、西田は大きな悩みを抱えていた。一つは職の問題であった。大学を卒業してからやっと就職が叶い、第四高等学校の講師になったが、突然その職を解かれてしまった。その窮地を救ったのがかつての恩師北条時敬《ときゆき》であった。その世話で何とか山口高等学校に職を得ることができた。もう一つは、家庭の問題であった。妻寿美《ことみ》と西田の父得登《やすのり》とのあいだがうまく行かず、父から離婚を申し渡されるというようなことがあった(のちに復縁する)。こうした問題があったことも、禅修行の背景にあったのではないかと考えられる。

山口から金沢に戻ってすぐの頃であるが、西田は竹馬の友の一人であり、生涯を通して親しい交わりをもった山本良吉に宛てた手紙のなかで、かつてそのもとで禅の修行をした雪門玄松《せつもんげんしょう》老師のもとで再び禅に打ち込みたいと記したあと、「いかなる貴き事、この心の救より大切なる事あらずとは、小生近来益《ますます》感ずる所に候えば、ヨシ幾年無益に星霜を送るともこの事〔禅の修行〕だけは遂げ度念願に御座候」（一九・五二）と書き送っている。西田がこの時期、「心の救」こそ生きる上での最重要の問題であると考えていたこと、そして禅こそがそのための「捷径《しょうけい》」であると考え、禅に打ち込もうとしていたことがひしひしと伝わってくる。

†「趙州狗子」の公案

西田は金沢に戻ってから、雪門老師のもとで熱心に禅の修行に励んだ。しかし、雪門は西田に印可しなかった（つまり悟りを開いたことを示す証明を与えなかった）。なぜかはわからない。雪門はその生涯で一人しか印可しなかったという。おそらく禅の師匠として、厳しい人であったのであろう。

そういうことも関係しているかもしれないが、西田は雪門のもとだけでなく、京都・妙心寺の虎《こ》関宗補《かんそうほ》禅師のもとでも修行した。虎関が遷化《せんげ》してのちは、京都大徳寺の広州宗澤《こうじゅうそうたく》禅師に教えを乞うた。一九〇三年の七月から八月にかけて広州禅師のもとで修行に励んでいた折に西田は日記に次のように記している。「余は禅を学の為になすは誤なり。余が心の為生命の為になすべし。見性《けんしょう》〔自己の本性を見究めること、禅の悟り〕までは宗教や哲学の

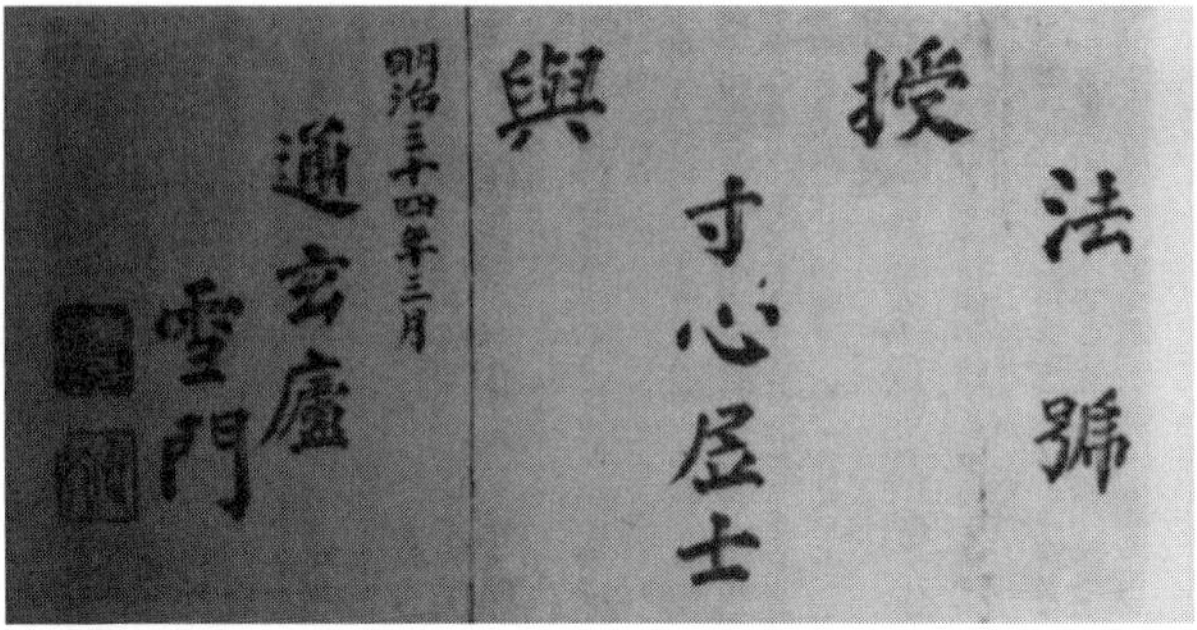

雪門禅師からもらった「寸心」の法号（西田幾多郎記念哲学館『西田幾多郎の世界』より）

事を考えず」（一七・一二六）。

　臨済系の禅では修行のために公案というものを用いる。公案とは、悟りの境地へと至るための手だてとして師匠から弟子に与えられる問題のことであるが、それを集めた代表的な公案集に『無門関』というものがある。広州禅師のもとで西田はこの公案集に収められている最初の公案「趙州狗子《じょうしゅうくし》(7)」に取り組んでいた。そしてこのときやっと、長年取り組んできたこの公案に透《とお》ったことを広州禅師から認められた。禅の精神を十分に理解したと認められたのである。しかし興味深いことに、西田はその日の日記に「されども余甚喜ばず」と記している。何か納得のいかないものを感じたのであろう。西田はそのことをすぐさま直接の師である雪門に訴えた（雪門は、当時、家庭の事情で、一度還俗し、和歌山の実家に帰っていた）。その西田の訴えに対して雪門は、「此事ハ入所（悟りの境地）ノ強弱ニ不拘《かかわらず》、工夫間断ナキ時ハ自然ト熟煉シテ時々所得ノアルモノニテ、遂ニ見地ノ明白ヲ得ル域ニ進ムモノナレバ、一層ノ憤発ヲ希望致候[8]」というように、徐々に境地が深まり、最後に明白な悟りをうることになるのだと書き送り、いっそうの努力を払うことを西田に求めている。

禅修行から学問へ

禅には「頓悟《とんご》」と「漸悟《ぜんご》」という言葉がある。「漸悟」の方が、段階を踏んで徐々に悟りの境地に進んでいくことを意味するのに対し、「頓悟」の方は、ある出来事を機縁にして一挙に悟りの境地に入ることを指す。公案集を読むとこの「頓悟」の例が数多く挙げられている。西田もおそらく、見性すれば、心の根本的な転換が一挙に得られると期待していたのではないかと思われる。そのために、広州和尚から「よし」と言われたにもかかわらず、得心が行かないという思いがあったのではないだろうか。その思いがこの「されども余甚喜ばず」という言葉に表れている。

おそらくこれが一つのきっかけになったのではないかと推測されるが、西田はその翌年、一九〇四年頃から関心を徐々に哲学の方に移していった。その頃から第四高等学校の講義のなかで、のちに『善の研究』として発表されることになる内容をまとめはじめた。西田の関心が学問の方にはっきりと傾いたことを示すのは、一九〇七年に鈴木大拙に宛てて送った書簡である。『善の研究』第二編「実在」のもとになった「実在に就いて」という論文を『哲学雑誌』に発表したすぐあとの時期に書かれたものであるが、そのなかで西田は次のように記している。「余は宗教的修養は終身之をつゞける積りだが余の働く場所は学問が最も余に適当でないかと思うが、貴考いかん」(一九・一〇七)。先ほど見た「この事だけは遂げ度」という言葉とは明らかにニュアンスの違う表現がここではなされている。この頃に西田は、禅の修行よりも学問の方を優先させる決意を固めたのではないであろうか。実際、この頃に西田は参禅をやめている。

†天地同根万物一体

先ほど挙げた「天地同根万物一体」、「天地ただ一指、万物我と一体」という表現に戻りたい。第三編「善」において西田はさまざまな観点から善について論じたあと、第十一章「善行為の動機(善の形式)」において「主客相没し物我相忘れ天地唯一実在の活動あるのみなるに至って、甫《はじ》めて善行の極致に達するのである」(二〇五)と記している。このように主客の対立のない、唯一の実在の活動のうちに、つまり「純粋経験」のうちに善行の極致があることを述べたあと、本来は我を離れて我が見る世界があるのでも、また我が見る世界を離れて我があるのでもないことを言うために、この「天地同根万物一体」という言葉が引かれている。一方、第四編第四章「神と世界」では、具体的実在、すなわち直接経験の事実において、分化の面と統一の面とが一つであることを言うために、「天地ただ一指、万物我と一体」という、やはり禅を踏まえた表現がなされている。

「天地同根万物一体」の方について少し説明を加えると、これは、『無門関』と同じく公案集として有名な『碧巌録』のなかの第四十則「南泉一株花《なんせんいっちゅうか》」、あるいは「南泉夢の如く相似たり」と言われる公案を踏まえたものである。

唐の時代の禅僧南泉普願《ふがん》とその弟子であった陸亘大夫《りくこうたいふ》とのあいだで交わされた対話がこの公案の主題になっている。まず陸亘大夫の方が「肇《じょう》法師（晋の時代の高僧、老荘の思想に詳しかったと言われている）道《い》わく、天地我と同根、万物我と一体と。也《ま》た甚だ奇怪なり」と言う。「奇怪」というのは、めずらしいということでもあるが、面白いということでもあると考えられる。このように陸亘大夫が自らの境地を肇法師の「天地我と同根、万物我と一体」という言葉で表現したのに対し、南泉和尚の方が、庭の花を指さして、「時の人、この一株の花を見ること、夢の如くに相似たり」と言ったということが、この公案に記されている。おそらく陸亘大夫では、天地と我とが一体であるということが、なお我の方から見られ、肇法師が体得した真理がふたたび夢のような世界になっているということを指摘したのであろう。

「天地同根万物一体」ということの具体的な例として西田は雪舟の絵を挙げている。その絵は、雪舟が自然を描いたとも言えるし、自然が雪舟を通して自らを描いたとも言えるとしている。そのような「主客相没し物我相忘れ天地唯一実在の活動あるのみ」という状態のなかに善行の極致があることを西田は言うのである。このような形で『善の研究』ではごくわずかであるが、禅の世界が姿を見せている。

†エペソの銀細工職人

「天地ただ一指、万物我と一体」の方に関しては、たとえば禅宗の歴史を記した『五灯会《ごとうえ》元《げん》』第十七の徳嵩《とくすう》禅師の項に「天地一指、万物一馬、諍競《じょうきょう》〔対立し争うこと〕の心を絶す。万物一馬、是非の論なし」という表現が見える。それは『荘子』「斉物論篇」の「天地は一指なり、万物は一馬なり」を踏まえる。「斉物論篇」ではさらに「天地は我と並び生じて、万物は我と一たり」とも言われている。

興味深いことに、この言葉を引いたところで西田は、ゲーテの「エペソ人のディヤナは大いなるかな」という詩――『聖書』の「使徒行伝」に出てくる話がもとになっている――に触れている。ディアナというのは古代ローマでアルテミスと同一視されていた豊穣と多産の女神である。アルテミス神殿のあった小アジアの古代都市エペソ（エフェソス）の町では、その像やアルテミス神殿の模型が数多く作られていた。パウロがエペソで伝道を行ったとき、手で作られたもの（要するに偶像）は神ではないと言ったために、銀細工職人らが「大いなるかな、エペソ人のアルテミス」と叫んで大騒ぎをした。そのとき、一人の銀細工職人が、パウロの言葉やこの騒ぎにはまったく関心を向けずに、夢中になって銀龕《ぎんがん》（銀の厨子《ずし》）を作りつづけていた。西田は「大いなるかな、エペソ人のアルテミス」と叫び、騒ぎつづけた人たちよりも、この職人の方が「真の神に接して居た」（二五三）とここで述べている。この職人の姿のなかに西田は、見る我と見られる対象という二元的対立を超えた宗教の本来のあり方を見てとったのであろう。つまりそこに、「天地ただ一指、万物我と一体」ということの格好の例を見いだしたのだと考えられる。

5　西田哲学と他力の信仰

†宗教と理性

『善の研究』では西田は親鸞の他力の信仰についても正面から論じていない。しかし、親鸞の信仰と思想とは西田の思索のなかで、初期から晩年に至るまで、大きな位置を占めつづけた。

西田が自らの宗教についての理解をはじめて発表したのは、山口高等学校で教鞭を執っていたときであった。一八九八年に、同僚であった稲葉昌丸《まさまる》の勧めによるものと考えられるが、真宗大谷派の真宗大学寮から刊行されていた『無尽燈《むじんとう》』という雑誌に「山本安之助君の「宗教と理性」と云ふ論文を読みて所感を述ぶ」という論文を発表している。その年に東京大学哲学科の後輩であった山本安之助がこの雑誌に「宗教と理性」という論文を発表したのを承けて、それに対する論評という形で西田はこの論考を公にした。

山本がこの論文で宗教における理性の役割を強調したのに対し、西田は「山本安之助君の「宗教と理性」と云ふ論文を読みて所感を述ぶ」において、「君は宗教の外形たる知識的方面を見て其《その》本性たる感情的内面に重きを措かざりし嫌《きらい》なきか」と、山本の宗教理解に偏りがあることを指摘している。というのも西田の考えでは、宗教の核心は、知識ないし合理性のなかにではなく、むしろ感情的側面に、言いかえれば、絶対無限なるものを感じとるという点にあったからである。西田はこの絶対無限なるものを感じとるということをここで「吾人が有限界を脱して無限の域に超入し、哲学に所謂絶対なる者と冥合《めいごう》する」と言い表している。それは先に見た「宗教的要求は……我々の自己がその相対的にして有限なることを覚知すると共に、絶対無限の力に合一してこれに由りて永遠の真生命を得んと欲するの要求である」という言葉で表現された『善の研究』における宗教理解に深く通じるものであった。

西田はこの雑誌が刊行されると、それをすぐに鈴木大拙のもとに送り、感想を求めた。それに対して大拙は次のように書き送っている。「『無尽燈』における君が所説大に意を獲たり、理智を以て宗教を律せんとする人世に尚多し、何となれば理智は表面にぶら〳〵してをる故一寸誰が眼にも付ければなり、情意的活動の根本に至りては深く省慮したる後ならでは充分に呑みこめぬなるべし」(9)。大拙もまた、宗教を人間の根本にある情意的活動として捉えていたことがわかる。この手紙を読んで、西田は、山本への批判が方向を誤ったものでなかったことを確信したにちがいない。

†愚禿親鸞

また、先に触れたように、西田は『善の研究』を刊行した年に、親鸞の六百五十年忌を記念して大谷学士会から出版された『宗祖観』に「愚禿親鸞」と題したエッセーを寄せている。「愚禿」というのは親鸞自身が名のった名前である。「禿」つまり「かぶろ」というのは、僧侶の剃髪した頭ではなく、また髷《まげ》でもなく、ざんばら髪のことを指す。後鳥羽院の時代に法然や親鸞ら、念仏を唱えた人たちは流刑に処せられ、僧籍を失った。そういう立場を親鸞はこの「禿」という言葉で言い表し、ざんばら髪の愚かな者という意味を込めて「愚禿」と自ら名乗ったのである。

親鸞の信仰の一つの特徴は、彼自身が「煩悩具足の凡夫」、つまり、煩悩にまみれ、それから逃れられない愚かな人間であるという強い自覚をもっていた点にある。『教行信《きょうぎょうしん》証《しょう》』の「信巻」のなかには「悲しきかな愚禿鸞、愛欲の広海に沈没《ちんもつ》し、名利の太山《たいせん》に迷惑して、定聚《じょうじゅ》〔仏となることが定まった人々〕の数に入ることを喜ばず……」という言葉が見える。また親鸞は晩年、いわゆる和讃、つまり和語によって仏や高僧の徳を讃えた今様形式の詩を数多く作ったが、その一つである『正像末《しょうぞうまつ》和讃』のなかに「愚禿悲歎述懐」、つまり嘆き悲しみながら述懐したものと題された和讃がある。そこに「浄土真宗に帰すれども　真実の心《しん》はありがたし　虚仮《こけ》不実のわが身にて　清浄《しょうじょう》の心もさらになし」と記されている。浄土真実の教えに帰依したが、真実の心をもつことはほとんどありえないことである。わが身はみせかけやうそ、いつわりでいっぱいであり、清浄な心は少しもない。親鸞八十五歳のときの述懐である。最晩年においてもなお、自己の底に深い闇がある

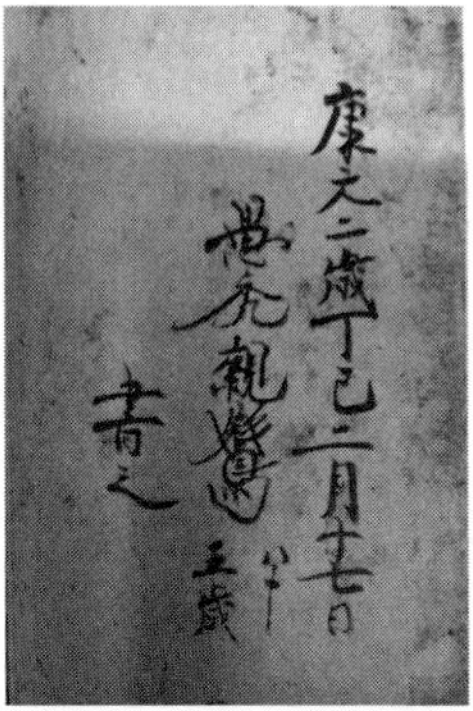

親鸞『一年多念文意』奥書
（『親鸞聖人真蹟集成』第四巻より）

ことを親鸞が痛切に自覚していたことが分かる。その自己省察の厳しさにわれわれは強い衝撃を受ける。

†「愚禿」という言葉に見られる宗教の本質

西田幾多郎が「愚禿親鸞」というエッセーを発表したのも、おそらくこの「愚禿」という言葉のなかに、いま見たような自己への厳しいまなざしを見てとったからであろう。そこで西田は、この「愚禿」の二字こそ、「上人《しょうにん》の為人《ひととなり》を表すと共に、真宗の教義を標榜し、兼て宗教その者の本質を示す」(一・三二四)ものであると記している。

「1　西田は宗教をどのように理解していたか」で見たように、西田は第四編第一章「宗教的要求」の冒頭で、宗教は自己の変革を通して「永遠の真生命」を得ようとするところに生まれると述べているが、「愚禿親鸞」においても、「一たび懸崖《けんがい》に手を撒《さつ》して絶後に蘇った者」のみが、「翻身一回、……新な生命に入ることができる」こと、まさにそこにこそ「宗教の真髄」があると記している。断崖絶壁を必死で登ろうとするその手をあえて離して、死を覚悟する、そこから新しい道が開けるという、白隠《はくいん》禅師の弟子・古郡兼通《ふるごおりけんつう》の偈《げ》、つまり「万仭《ばんじん》の崖頭から手を撒する時、……身は……再び蘇生し……」という言葉が踏まえられている。みせかけやうそ、いつわりで満たされた自らの心を見つめ、自力への執心を徹底して否定しようとした親鸞のなかに、西田はこの決死の翻りを見たのであろう。

そして「愚禿」という言葉のなかに、この徹底した自己否定とそこからの翻りという、宗教の核心になるものが凝縮されていると考えたのであろう。「愚禿の愚禿たる所以を味い得たもののみ」が真の信仰をもちうるとしている。それに付け加えて、「他力といわず、自力といわず、一切の宗教はこの愚禿の二字を味うに外ならぬのである」(一・三二五)と記している。自力への執心を徹底して否定したうえで、翻身、新たな生命に入るというところに宗教のほんとうの意義があるのであり、そこでは他力や自力、浄土教や禅という区別は意味をもたないという西田の考えが、ここにはよく表現されている。

†『善の研究』における親鸞への言及

すでに見たように、西田は第四編第一章「宗教的要求」の冒頭の段落で、「真正の宗教は「自己の変換、生命の革新を求める」と述べているが、そのあと続いて、「一点なお自己を信ずるの念ある間は未だ真正の宗教心とはいわれない」(二二三)と記している。この文章は直接には「十字架を取りて我に従わざる者は我に協《かな》わざる者なり」という「マタイによる福音書」の言葉と結びつけて言われているのであるが、それとともに親鸞の他力の信仰が西田の念頭にあったと言ってよいであろう。次の段落で、「徒《いたず》らに往生を目的として念仏するのも真の宗教心ではない。されば『歎異抄《たんにしよう》』にも「わが心に往生《おうじよう》の業《ごう》をはげみて申すところの念仏も自行《じぎよう》になすなり」といってある」（二二三―二二四）と言われている。自らの力に頼り、自らの力を誇るところでは、まだ本当の意味での「自己の変換」が生じていないということであろう。

さらに第五章「知と愛」でもやはり『歎異抄』の言葉が引用されている。その第二条で「親鸞におきては、ただ念仏して弥陀にたすけられまいらすべしと、よきひと〔法然〕の仰せをかぶりて信ずるほかに別の子細なきなり」と言われているが、それに続く「念仏はまことに浄土にむまるるたねにてやはんべるらん、また地獄におつべき業にてやはんべるらん、総じてもて存知せざるなり」（二六三）という言葉がこの「知と愛」において引用されている。それを踏まえて西田は、自力を断念し、すべてを絶対的な存在の慈悲に委ねるような立場が「宗教の極意」（二六三）であるとしている。それにとどまらず、われわれのすべての営み、知の働きも愛の作用も、すべて「他力信心の上に働いて居る」（二六二）と述べている。この箇所は、西田の宗教理解の根底に「他力信心」があったことをよく示している。[10]

6　愛と悪

†世界における個人性の問題

第四編第四章「神と世界」においては、先に見たように、「宇宙を包括する純粋経験の統一者」である神と、宇宙ないし世界とがいかなる関係にあるのかが問題にされているが、この章の後半部分で「個人性」の問題が取りあげられている。なぜこの「神と世界」と題された章でこの問題が取りあげられたのであろうか。

これもすでに見たように、「純粋経験」のプロセスのなかには多くの分裂や対立が含まれている。しかし、それらもやがて統一されていく。そのことを西田は次のように言い表している。「分裂や反省の背後には更に深遠なる統一の可能性を含んで居る、反省は深き統一に達する途である」(二五四)。このような観点から言うと、分裂や対立は一時的に現れる仮の存在であり、それ自体の価値をもたないということになる。われわれが懸命に生きていることも、「宇宙を包括する純粋経験」のなかでは、単なる捨て石でしかないとも言える。

西田はそのような見方に対して、「万物は神の表現であって神のみ真実在であるとすれば、我々の個人性という如き者は虚偽の仮相であって、泡沫《ほうまつ》の如く全く無意義の者と考えねばならぬであろうか」(二五四)という問いを発している。そしてそれに対して西田は自ら、人間は確かに有限な存在であるが、しかし単なる仮の存在、いつわりの存在であるのではなく、「神の発展の一部」、あるいは「神性の分化せる者」(二五四)であると答えている。というのも神と世界との関係は、「意識統一とその内容との関係」(二五一)であり、その具体的な内容である世界を離れて神というものはないし、神を離れて世界はないからである。そういう意味で、「我々の個人性は永久の生命を有し」ている(二五四)とも、各自が「独立の意識」(二五五)であるとも述べている。これが「神と世界」の章において「個人性」の問題が議論された理由であったと言える。

†人格相互の関係としての愛

さらに西田は、この「永久の生命」を有し、「独立の意識」である個々の人間を「人格」という言葉でも呼んでいる。「第3章　善」で見たように、『善の研究』第三編「善」において西田は、われわれの意識のさまざまな活動を統《す》べている「深遠なる統一力」を「人格」と呼び、それの維持発展に努めることが善であると述べていたが、ここでは「神性」

を有する存在として、個々の人間を「人格」と呼んでいる。

そしてこの「永久の生命」を有した個人と個人との関わりは「愛」でなければならないことを主張している。「人格」は一方では「独立の意識」であるが、しかし同時に、「各《おのおの》が相互に人格を認めたる関係は即ち愛であって、一方より見れば両人格の合一である」(二五五)と述べている。そのような考えを裏付けるために西田は、イギリス国教会の聖職者であったイリングワース (John Richardson Illingworth, 1848-1915) の『人と神の人格』(*Personality Human and Divine*, 1894) の「人格」の理解に言及している。具体的には次のように述べている。「イリングヴォルスは一の人格は必ず他の人格を求める、他の人格において自己が全人格の満足を得るのである、即ち愛は人格の欠くべからざる特徴であるといって居る」[11](二五五)。

一九三〇年に発表した論文「場所の自己限定としての意識作用」(『無の自覚的限定』所収)のなかの、「哲学は我々の自己の自己矛盾の事実より始まるのである。哲学の動機は「驚き」ではなくして深い人生の悲哀でなければならない」(五・九二)という言葉が示すように、西田はその思索のなかで「悲哀」という感情に注目した。そのことに注目する研究は多いが、「愛」にはあまり目が向けられてこなかった。しかし、それが西田のなかで重要な意味をもっていたことは、第三編第十一章「善行為の動機(善の形式)」で、「善行為は必ず愛である」（二〇五）と言われていることからも分かるし、また第四編第五章「知と愛」においては、その題が示すように、「愛」が重要なテーマになっている。

オスカー・ワイルド

†オスカー・ワイルドの『獄中記』

西田はまた、第四編第四章「神と世界」において、「愛」とともに「悪」についても語っている。

実在の体系が矛盾や対立、衝突を含むものである限り、「悪」も必然的に生まれてくるが、しかし絶対的な「悪」というものは存在しない、それもまた実在の発展のなかの一つの要素であるというのが西田の考えであった。しかし、「悪」を「悪」のままにしておくのではなく、それを悔い改めることの重要性が強調されている。「悔い改められたる罪ほど世に美しきものもない」（二五七）とも言われている。

このように述べたとき西田の念頭にあったのはオスカー・ワイルド（Oscar Wilde, 1854-1900）であった。ワイルドは、アイルランド出身の詩人・劇作家であるが、耽美主義を標榜し、『ドリアン・グレイの肖像』などの小説や『サロメ』などの戯曲を発表した。「幸福な王子」などの童話でも知られる。男色事件に関係して投獄されるという経験もしている。『獄中記』はそのときに執筆されたものである。その後出獄したが、失意のうちに亡くなった。

西田がオスカー・ワイルドの『獄中記』に強い共感を抱いていたことは、『静修書目答問』――これは山本良吉が京大の学生監になり、学生に勧める書物の一覧を作成したときに行ったアンケートに対する答。海外からはアンリ・ポアンカレやエルンスト・マッハら、当時の一流の学者が答えている――で西田がこの書を挙げていることからも分かる(一一・八〇)。そこで西田はこの書のほかに、東洋の書物からは『論語』や陽明学の入門書である『伝習録』などを、西洋の書物からは、聖書やパスカルの著作、モーリス・メーテルリンクの『貧者の宝』などを挙げている。

また西田は、金沢の第四高等学校時代、『善の研究』のもとになる論文を執筆していた頃に書いたノート(断章2)のなかで、このワイルドの『獄中記』からの抜き書きを行っている(一六・六七九以下)。第四章「神と世界」の最後の段落の後半部分は、ほとんどこのノートで西田が引用したワイルドの文章と重なる。この部分は、このノートをもとに書かれたと想像される。

†放蕩息子の悔悛

西田はワイルドの『獄中記』から、たとえば次のような箇所を抜き書きしている。「キリストは、自身の内なる神的な本能によって、罪人を、人間の完成に可能な限り最も近い存在としていつも愛していたように見える」（一六・六七六）。「悔悛の瞬間こそ、入門（天国につながる門に入ること）の瞬間なのである。それだけではない。それは自らの過去を変える手段なのである。ギリシア人はそれを不可能なことと考えた。……キリストは、最も凡庸な罪人ですら、それが可能であり、それこそがその罪人がなしえたただひとつのことだということを示した。キリストは、もし問われたら、こう語っただろう。……放蕩息子がひざまずいて涙を流したとき、彼は自らの財産を娼婦とともに浪費し、豚を飼い、豚の餌の豆殻まで渇望したことを、彼の人生の美しく聖なる時に変えたのだ、と」（一六・六七五）。「放蕩息子がひざまずいて涙を流したとき」というのは、「ルカによる福音書」（一五・一一―三二）に見える話である。二人兄弟の弟が、放蕩の限りを尽くしてお金を使い果たし、食べるのにも困るようになって、農民の家で豚を飼う仕事をして飢えをしのごうとした。そこで弟は、それに至るまでの自らの行為を反省し、家に戻り、罪のゆるしを乞うた。その息子の帰郷を喜んで父親は祝宴を張った。仕事から戻った兄は、そのことを知って、これまで懸命に働いてきた自分には子ヤギ一匹さえくれたこともないのに、遊女たちと遊んで財産を食いつぶしてしまった弟にはなぜ肥えた子牛をほふってよい思いをさせるのか、と父親に対して怒りをぶつけた。それに対して父親は、「この弟は、死んだと思っていたのに生き返り、いなくなっていたのに見つかったのだから、喜び祝うのはあたりまえである」と言ったという話である。このようにイエスが、イエスの話を聞こうと集まってきた人々——その多くは罪人たちであった——に語ったとこの福音書は記している。

西田はこの福音書の話にも、またオスカー・ワイルドの『獄中記』にも心揺さぶられたのであろう。「悔い改められたる罪ほど世に美しきものもない」という言葉にそれがよく現れている。

†同一の精神作用としての知と愛

第四編第五章「知と愛」では、その表題の通り、知と愛が主題とされている。そこで西田は、一般にはこの知と愛とがまったく違った作用であるように受け取られているというところから出発している。実際、普通には、知の方がものを認識する理性の働きによって生みだされるもの、あるいはその働きを指す言葉であるのに対し、愛の方は、相手をいとおしく思う気持ち、あるいは互いにいつくしみあう心情であり、そういう感情に関わるものとして、両者は根本的に異なったものだと受け取られている。

それに対して西田は、知と愛とが「同一の精神作用」(二五九)であることを主張している。なぜこの二つの精神作用が同じなのか、この疑問に対して西田は、知も愛も、「主客合一の作用」、「我が物に一致する作用」(二五九)だからだという答を示している。

なぜ知が主客合一の作用であるかと言うと、知とは、主観の側の思い込みや先入見をすべて除き去って、物そのものを把握することであるからである。また愛については、愛とは、自己を棄てて他の人格との一致を実現することだからだということが言われている。

「無私となればなるほど愛は大きくなり深くなる」(二六〇)とも言われている。

さらに知と愛とは、同じ精神作用であるだけでなく、両者が一つであること、つまり「知即愛、愛即知」(二六一)であることが強調されている。というのも、物を知るとは物を愛することであり、物を愛することは、即、それを知ることであるからだ、と言われている。その例として数学の面白さに没頭することが挙げられている。寝食を忘れて、それに取り組むような状態は、それを知るだけでなく、同時にそれを愛するような状態であるということが言われている。

ただ知性の働きだけで物事を知るのは、まだ物事を本当の意味で知ったことにはならないというのが西田の考えであった。具体的には、「分析推論の知識は物の表面的知識であって実在其者を捕捉することはできぬ。我々はただ愛に由りてのみこれに達することができる。愛は知の極点である」(二六二)と言われている。このように、知はその極点に到れば愛と一体になるということが、西田がこの第五章「知と愛」で主張しようとしたことであったと言える。

(1) 下村寅太郎編『西田幾多郎――同時代の記録』(岩波書店、一九七一年)六―七頁。
(2) ジョルジョ・ヴァザーリ『ルネサンス画人伝』(平川祐弘・小谷年司・田中英道訳、白水社、一九八二年)二一四―二一五頁。
(3) 西村恵信編『西田幾多郎宛鈴木大拙書簡――億劫相別れて須臾も離れず』(岩波書店、二〇〇四年)九四―九五頁。
(4) ヤーコプ・ベーメ『アウローラ、明け初める東天の紅』『ドイツ神秘主義叢書』第八巻(薗田坦訳、創文社、二〇〇〇年)二八七頁。
(5) 下村寅太郎編『西田幾多郎――同時代の記録』一一七頁。
(6) 『エックハルト説教集』(田島照久編訳、岩波文庫、一九九〇年)二三〇頁。
(7) 趙州従諗《じゅうしん》という禅の師匠とその弟子との対話がその主題である。弟子の方が、「狗子(犬)に仏性があるか」という問いを出したのに対し、趙州和尚が「無」と答えたというのがその内容である。禅ではこの「無」を理解することがなにより肝要であると言われる。
(8) 上田久『祖父西田幾多郎』(南窓社、一九七八年)一二一頁。
(9) 西村恵信編『西田幾多郎宛鈴木大拙書簡――億劫相別れて須臾も離れず』六六頁。

(10) 西田は晩年、とくに最後の論文「場所的論理と宗教的世界観」において親鸞の信仰に強い共感を示し、改めて宗教とは何かという問題について考察を加えている。この点については拙著『西田幾多郎の思索世界——純粋経験から世界認識へ』(岩波書店、二〇一一年)二七五頁以下を参照されたい。

(11) 以下を参照。John Richardson Illingworth, *Personality Human and Divine; Being the Bampton Lectures for the Year 1894*. Macmillan, 1894, p. 38.

第5章

純粋経験

1　純粋経験とは何か

†「純粋経験」の難解さ

『善の研究』の「序」のなかで西田は「純粋経験」こそが「余の思想の根柢である」(五)と語っている。この西田の思想をその根底において支えていた「純粋経験」とは何なのか、これまでの考察も踏まえながら、その点について改めて考えてみたい。

西田が「純粋経験」をどのように理解していたかを考える上でもっとも重要な手がかりになるのは、『善の研究』第一編第一章「純粋経験」の冒頭の記述である。それをまず引用したい。

経験するというのは事実其儘《そのまま》に知るの意である。全く自己の細工を棄てて、事実に従うて知るのである。純粋というのは、普通に経験といって居る者もその実は何らかの思想を交えて居るから、毫《ごう》も思慮分別を加えない、真に経験其儘の状態をいうのである。例えば、色を見、音を聞く刹那《せつな》、未だこれが外物の作用であるとか、我がこれを感じて居るとかいうような考のないのみならず、この色、この音は何であるという判断すら加わらない前をいうのである。それで純粋経験は直接経験と同一である。自己の意識状態を直下《じか》に経験した時、未だ主もなく客もない、知識とその対象とが全く合一して居る。これが経験の最醇《さいじゅん》なる者である。（一七）

「純粋経験」とは何かを考える上で、その基本になる文章である。『善の研究』のなかでもっとも重要な文章だと言ってもよい。しかし、これを理解するのは容易ではない。

いくつかの理由が考えられるが、まず一つは、ここで西田が、なぜ「純粋経験」という問題を取りあげたのか、それについて考えることがどういう意味をもっているのかということを説明せず、唐突に「経験するというのは事実其儘に知るの意である」と述べているからである。これは、はじめてこの本を読む人にとっては、とくにこれまで哲学書に触れたことのない人には不親切な叙述の仕方であると言わざるをえない。そのために、われわれは迂回路を選び、第二編「実在」から読み始めたのであった。そのことによってわれわれはいま、この文章を理解するための準備作業が十分にできたと思う。

しかし、そうであっても、この文章を理解するのは簡単ではない。「事実其儘に知る」とはどういうことか、あるいはまた「自己の細工を棄てる」とは、「色を見、音を聞く刹那」とは、「この色、この音は何であるという判断すら加わらない前」とは、「未だ主もなく客もない」とは等々、次から次へと疑問が生まれてくる。この第一編第一章冒頭の説明をすぐに理解することは、私自身もそうであったが、多くの読者にとって容易なことではないと思う。だからこそ西田も、「初めて読む人はこれを略する方がよい」（五）と語ったのであろう。しかし、この点に関しても、第二編から読み始めたわれわれにはその多くの障礙《しょうがい》が除かれていると思う。

†「純粋経験」についての説明の揺れ

それともう一点重要なのは、西田がここだけではなく、本書のなかで何度もそのときどきのテーマにあわせていろいろな観点から「純粋経験とは何か」ということについて語っている点である。たとえば思惟や意志と純粋経験とがどのように関わっているのかとか、善や宗教心とそれはどう関係しているのかなど、さまざまな観点から純粋経験について論じている。そしてその説明に揺れがあるのである。その説明が必ずしも一致していないために、どのように整理したらよいのか迷うときがしばしばある。文字の上で必ずしも一致しない説明を結びつけながら、われわれは西田の意図を理解していかなければならない。それもまた困難な作業である。

そのように理解に迷ったとき、われわれはいま引用した第一編第一章「純粋経験」冒頭の文章に戻ってくる必要がある。この文章がここに置かれていることは、それが純粋経験についてのもっとも根本の説明であるという理解が西田にあったからだと言ってよいであろう。そういう意味で、この箇所を抜きにして西田の純粋経験について語ることはできない。以下でも、ここでの記述を根本に置きながら西田の純粋経験についての理解を見ていきたい。そのためにも、いま引用した文章を十分に理解するように努めたい。

†色を見、音を聞く刹那の経験

まず「色を見、音を聞く刹那」と言われている点に注目したい。「色を見、音を聞く刹那」ということであるから、純粋経験とは何か特別な経験のことではない。ある特殊な人だけがする経験ではない。道ばたのスミレの花を見て美しいと思う経験、小鳥のさえずりを聞いて気持ちよく思う経験のことである。普通、われわれが日常の生活のなかで行っている経験がそのもとに考えられている。

ただ「刹那」といわれている点が重要である。そしてこの「刹那」においては、「未だこれが外物の作用であるとか、我がこれを感じて居るとかいうような考のないのみならず……」と言われている。純粋経験とは何かを考える上で、とくにこの点に注目する必要がある。

通常われわれは、私がこちら側にいて、その目の前にあるスミレの花を見、そしてその美しさが私の心に映って、その結果、私の心が感動を覚えるというように考える。その場合は、西田の言い方で言うと、主と客、主観と客観が離れてしまっている。主客が分離してしまっている。そのように主客が分離したとき、その経験はもう「刹那」ではなくなっている。西田の言う「色を見、音を聞く刹那」には、まだ主と客の対立はない。それが西田の言う純粋経験である。

その例として、西田は「美妙なる音楽に心を奪われ、物我相忘れ……」（八一）という場合や、「一生懸命に断岸を攀《よ》ずる」（二〇）場合を挙げている。そのように物になりきった経験などが、その典型的な例であると言える。そういう経験はわれわれも日常生活のなかでしばしば行っており、特殊な人、たとえば悟りを開いた人だけがする経験ではない。

ただ、禅では、分別の立場を棄てて、物そのものになりきるということを重視する。それが禅で言う「無」の立場である。したがって、「色を見、音を聞く刹那」の、まだ主と客の対立がない、物になりきった経験というのは、禅がめざしているものに通じるところがある（「5　知的直観」を参照）。

†主観・客観という対立の図式

いま引用した文章のなかで、もう一点われわれの注意を惹くのは、「自己の細工を棄てて」と言われている点である。「細工」をしないで、事実を事実のままに知る必要性が語られている。「第2章　実在」で見たように、通常われわれは何か細工をして――第二編「実在」第一章「考究の出立点」の表現で言えば、「人工的仮定」をした上で――ものを見ているわけではない。それにも拘わらず、なぜ「細工」とか「人工的仮定」ということが言われるのであろうか。

それにはわれわれの知の構造が深く関わっている。われわれはものを、自分の立っている位置とか視点、そのときの体調とか、目の具合とか、そういうものにまったく邪魔されずに、そのものとして見ているわけではない。われわれは、誰であれ、そういう特権的な場所に立って、「ものそのもの」、「物それ自体」を見ているわけではない。われわれはつねに、ある一定の視点からしかものを見ることができないのである。

そのようにものを見るということはどのような視点に立つかということに左右されるが、それだけでなく、知というものは、それが知として成立する、あるいは知として機能するとき、それが機能するための枠組みをも同時に成立させながら働いている。知は、知が持ち込む知の枠組みと切りはなしがたく結びついているのである。

どういうことかというと、そもそも「何かを知る」というとき、そこにはすでに、「私が」（主観が）、目の前にある何か（客観）を見、「それ」を「知る」という構造ができあがっている。たとえばリンゴを目の前にし、それをリンゴであると判断するとき、われわれはそのリンゴを、何の細工もせず、何の先入見も交えず、あるがままにそのものとして見ていると思っている。しかしそこにはすでに、認識の主体である私（主観）と、認識される対象（客観）という対立図式が生みだされており、その図式の枠のなかでわれわれはものを認識している。つまり、「私」が「対象」であるリンゴを見るという構図を前提にした上で、リンゴが見られ、それが赤い色をしているとか、おいしそうだとか、その情報を得ている。文字どおり外にあるものから、私のなかに情報がもたらされ、それを私が私のなかで処理することで認識が成立すると考えている。われわれはこの枠組みのなかで捉えられるものを真理として、言いかえれば、事柄の実相として考えている。

†「何処までも直接な、最も根本的な立場」

しかしそこに捉えられたものはほんとうに事柄の実相と言えるであろうか、というのが西田が問題にしたことであった。事柄の実相に迫るためには、ものを認識するにあたってわれわれがもちこんだ「人工的仮定」、つまり認識の主体である私と認識される対象という対立図式を取り除き、もののあるがままの状態、つまり「色を見、音を聞く刹那」の「未だ主もなく客もない」状態に立ち戻る必要があるのではないかというのが、西田がそこで得た結論であった。

われわれは日常の生活のなかでも、認識の主体である私と認識される対象という対立図式のなかでものを見ている。そしてそこに何か問題があるとは考えていない。それと同様に、哲学においてもたいていの場合、この主観と客観との対立を前提にして議論がなされている（「第2章 実在」で触れたデカルトなどがその典型である）。そしてこの前提の妥当性について十分に吟味するということがなされてこなかった。その点を改めて吟味し、どこまでも事柄そのものに肉薄していこうとする意図が西田にはあったと言える。この思索の徹底性こそが西田の思索を貫くモットーであったと言ってよいであろう。晩年に西田は、『善の研究』以来の自らの思索の歩みを振り返って、「「善の研究」以来、私の目的は、何処までも直接な、最も根本的な立場から物を見、物を考えようと云うにあった。すべてがそこからそこへという立場を把握するにあった」（『哲学論文集 第三』「序」、八・二五五）と記している。西田の思索の魅力について考えるとき、何より注目されるのは、この思索の徹底性であると言えるのではないだろうか。

†「赤なら赤だけである」

それでは「未だこれが外物の作用であるとか、我がこれを感じて居るとかいうような考のない」、「経験其儘の状態」とはどういう状態なのであろうか。その点について考えてみたい。

西田は京都大学に着任後、「哲学概論」の講義を行ったが、そのノート〔明治末年のもので、『善の研究』の内容と深く関係している〕のなかで次のように記している。「真の fact of pure experience〔純粋経験の事実〕は、know〔知るということ〕だけである。I〔私〕はない。〔正確には〕Know もない、rot〔赤〕なら rot だけである」（一五・九九）。ここでは純粋経験が「赤なら赤だけである」という言葉で言い表されている。われわれは「普通」には、「私が」という意識をもち、たとえば目の前のバラを「外物」として意識しながら、「その花は赤い」と判断したりしている。しかし西田は、純粋経験の状態においては、ただ赤が赤として意識されているだけであり、そこには本来、「その花は赤い」という判断も、花を知覚しているという意識（know）もないというのである。これが「色を見、音を聞く刹那」の意味するところである。それを西田は第四編第一章では、「未だ主客の分離なく、物我一体、ただ、一事実あるのみ」（二二六）という言葉で言い表している。

†心と物の対置

われわれは普通、いま言った主観と客観の対立図式のなかで、言いかえれば「主客二元論」の立場に立って、一方に、外部にあるものを表象する、あるいは認識する意識、簡単に言えば「心」というものを考え、そして他方に、意識によって表象される「物」を考え、それぞれを独立に存在するものとして、言いかえれば、それぞれ変わることなくありつづける一つの実体として考えている。

その考えを徹底していくと、意識の外部には、われわれが見たり、聞いたり、触ったり、味わったりする以前の、単なる物体の世界が広がっていると考えられる。目の前のバラの花が赤く見えたり、かぐわしい香りがしたりするのは、われわれがそれを見たり、その匂いを嗅いだりするからである。つまり、外から与えられた情報が脳に伝えられるからであって、それ以前には、色も味も香りもない単なる物体——それを細かく分析していけば、原子の世界、さらにはクオークの世界に行きつく——が広がっているだけであるという自然科学的なものの見方につながっていく。それに対してわれわれの方は、その外部の世界の情報を感覚器官を通して受け取り、それを脳に伝える。そこに色や匂い、味で満たされた意識の世界、「心」の世界が作りあげられていくと考えられる。

両者を区別する立場からは、当然、前者が原因であり、後者はたまたま生じた結果である。したがって前者こそが第一次的な存在であり、後者は第二次的、あるいは派生的な存在であると考えられる。

また、外部世界は、誰が計測しても同じ結果が得られる客観的な世界であるのに対し、意識の世界は、それを見たり聞いたりする人によって異なる。たとえば物の見え方は、立つ位置によっても異なるし、光の当たり方とか、目の病気とか、その状況に大きく左右される。味や匂いは、文字どおり、受け取り方が人によって大きく違う。そこから意識の世界は、主観的であいまいな世界であるという見方が生まれてくる。つまり、物理の世界が絶対確実であるのに対し、われわれの意識の世界は不確かで、信頼性に欠けるものだと言われることになる。

†「昼の光景」

しかし、そのような仕方で外部の世界と内部の世界を対置するのはおかしいのではないか、という考えが西田にはあった。そのことをよく示すのが、「第2章　実在」で引用した『善の研究』改版の際の序文「版を新にするに当って」のなかの言葉である。そこで西田はグスタフ・フェヒナーの『夜の光景に対する昼の光景』に依りながら、「フェヒネルは或る朝ライプチヒのローゼンタールの腰掛に休らいながら、日麗に花薫り鳥歌い蝶舞う春の牧場を眺め、色もなく音もなき自然科学的な夜の光景に反して、ありの儘が真である昼の光景に耽ったと自ら云って居る」と記している。

「色もなく音もなき自然科学的な夜の光景」というのは、言うまでもなく、先ほど言った、外部の客観的な世界と内部の主観的で派生的な世界とを対置し、前者こそが真実の世界であるとする立場に浮かび上がってくる光景である。それに対して「ありの儘が真である昼の光景」というのは、純粋経験の立場に映る風光を指す。

たとえば美しい花を見たとき、われわれはそれを単なる原子の集まりとして「純物体的」に見ているのではなく、――西田の表現で言うと――「生々たる色と形とを具《そな》えた」(一一〇)ものとして見ている。それは単なる知覚の対象ではなく、われわれに潤いやすらぎを与えるものである。そういう観点から西田は、物は知だけではなく、「情意より成り立った者」であると言う(六三頁参照)。「ありの儘が真である昼の光景」という言葉は、そこにこそ物のリアリティがあるということを言い表している。

この「昼の光景」のなかでは、言いかえれば、経験の現場においては、主観と客観というような区別も、対置もない、ただ実在の現前があるのみであると西田は考えたと言えるであろう。この「実在の現前」こそ、純粋経験にほかならない。

†リアリティの現前としての意識現象

以上で見た主客二元論の立場は、一方に感覚の世界を、他方に感覚以前の対象それ自体を配置し、両者をあたかも空間的に隔たったものであるかのように考える。そこでは当然、相隔てて立つ対象と感覚の世界との関係をどのように捉えるかということが問題になる。それは西洋の哲学の歴史のなかで、たとえば物自体あるいは実在と現象、原像と写像（心像）といった言葉で言い表されてきた。

しかし、物事を経験するとき、われわれは対象から隔たったところにいて、それを単なる対象（ないし客観）として見ているのではない。われわれの経験には外的な世界が直接的に関与している。たとえばデザートに出された果物のおいしさをわれわれはただ単に外的な世界から隔たった意識の内側でおいしいと感じているのではない。また赤ん坊の一挙手一投足に愛らしさを感じるのも、単に意識の内側だけでのことではない。そこにはおいしいものが、あるいは愛らしさを感じさせるものがじかに関与している。赤ん坊それ自身が愛らしいのである。つまり、物は単なる物質としてではなく、最初からたとえばわれわれにおいしさを覚えさせるものとして、あるいは愛らしさを感じさせるものとして現出している。そこに二つの世界の隔たりはない。別の言い方をすれば、おいしいブドウに、あるいは愛らしさを感じさせる赤ん坊に「背後」はないのである。

この具体的な経験のなかにこそ、物のリアリティが現前しているというのが西田の考えであった。西田の「純粋経験」論は、一方に感覚の世界を、他方に感覚以前の物そのものの世界を配置し、両者をあたかも空間的に隔たったものであるかのように考える主客二元論的なものの捉え方に対する批判であったと言うことができる。

もちろん西田も、われわれが「主観―客観」の枠のなかで物事を捉えることの意味を否定しているわけではない。主観・客観を立てる「思惟の要求」そのものを西田は否定していない。つまり、主観・客観の対立を前提にして打ち立てられてきた科学的な認識のもつ意義を否定しているわけではない（五六頁参照）。彼が批判しようとしたのは、意識に対置される対象、あるいは「純物質」といったものが第一次的存在であり、われわれが意識するものは、その心像、つまり主観的であやふやな反映にすぎないという考え方であったと言うことができる。

2　純粋経験と言葉の問題

†「判断以前」の経験

先に見たように、西田は『善の研究』第一編第一章「純粋経験」の冒頭で、純粋経験について、「この色、この音は何であるという判断すら加わらない前をいうのである」と説明している。この文章が何を意味するのかを以下で見てみたい。

「判断」とは、真偽が問題になる事柄について、たとえば「今日は何曜日か」とか、「この花の色は何色か」といった問題について、ある定まった考えを下すことであり、それは通常、「今日は土曜日である」といったように、「AはBである」という命題の形で言い表される。

それに対して、いま引用した文章では、純粋経験はそのような判断がなされる以前の状態である、と言われている。たとえば「この花は青い」とか「これはウグイスの鳴き声である」といった仕方で判断がなされ、言葉で言い表される以前の事実それ自体が純粋経験なのである。

哲学においては伝統的に、まだ明確な形をもたない直接的な経験のなかにではなく、むしろ言葉によって明確な形を与えられたもののなかに真理が見いだされてきた。たとえばヘーゲルは、その代表的な著作の一つである『エンチュクロペディー』のなかで次のように主張している。「語りえないと言われるものは実際にはただ混濁した、なお発酵中のものである。それは、言葉で表現されうるとき、はじめて明晰さを獲得する」（第四六二節補遺）。

実際、われわれはわれわれの経験を言葉で言い表すことによって、たとえば「私は悲しい」とか、「私は怒りよりも、むしろ悲しみを感じている」といったように命題の形で言い表すことによって、最初不確かであった経験に明確な輪郭を与えることができると考えている。逆に、言語化されない経験は、不確かなままに忘れ去られていくように思われる。

それに対して、西田はなぜ「判断以前」ということを言うのであろうか。それは、判断が経験されたものの一部を取りだし、それを表現したものであるからである。どれだけ判断を重ねても、もとの経験を尽くすことはできない。たとえば、いま見ているバラの色を「赤い」と言い表すことによって、われわれは他の花の色との連関づけ（つまり、他の花の色と同じだとか、違っていると判断すること）はできるが、しかし、ボタンやチューリップにはない、バラ独特の色あいを言い表すことはできない。深みのある赤であるとか、ビロードを思わせる輝きがあるとか付け加えても、事情は変わらない。この例が示すように、判断はもとの経験と比較したとき、つねに「貧なる者」（二五）にとどまる。判断以前にこそ、経験の「最醇《さいじゅん》なる者」（一七）、それのもっとも純粋な形があると考えられるのである。

†言葉は経験の一部しか語りえない

いま挙げた「私は悲しい」とか、「私は怒りよりも、むしろ悲しみを感じている」と言う場合をもう一度取りあげれば、確かにそのように言うことによって、われわれのいま抱いている感情が明確になる。しかしその「悲しい」という言葉で、自分の思いがすべて表現できたかというと、そうではない。「悲しい」という思いは、「やるせない」という思いと結びついている場合もあるだろうし、少しずつそこに「怒り」が付け加わってくるということも考えられる。われわれの感情はもっと幅のあるものだとも言えるし、たえず動いていくものだとも言えるであろう。そういう幅があり、変動してやまないものを一言で言い尽くすのは、ほとんど不可能であるように見える。

言葉は、たしかに、われわれが経験するものの一面を言い表し、他者に伝える。「私は怒りよりも、むしろ悲しみを感じている」と言うことによって、私は、いま私が単に怒っているのではなく、むしろ深い悲しみを感じていることを他者に伝えることができる。しかしその言葉によって、私がいま感じている思いのすべてを、あるいは私がいま抱いている感情が有する振幅のすべてを相手に伝えることはできない。われわれが言葉によって伝えられるのは、どこまでも経験の一部でしかない。

私たちが具体的に経験しているものを言葉で言い表すという行為は、言わば、その経験をある断面で切り、その一断面で経験全体を代表させることだと言えるのかもしれない。「悲しい」と言ったとき、私は私がいま抱いている、幅を持った感情のなかの、ある一面だけを引きだし、それを言葉で言い表したと考えられる。その取りだした一断面と、もとの経験とを比べたとき、そのあいだには大きな隔たりがある。経験を言葉で表現すれば、必ずこのような事柄の抽象化が伴う。

†「主語も客語もない」経験

そのような抽象化が起こる以前の、事柄それ自体、つまりその豊かさをそのままに保持した事柄全体、それを西田は「事実其儘」という言葉で、そして「純粋経験」という言葉で言い表そうとしたのである。西田が『善の研究』を執筆していた段階で記したメモ――「純粋経験に関する断章」と呼ばれている――に、次のような言葉がある。「真の直覚とは未だ判断のない以前である。風がざわざわいえばざわざわが直覚の事実である。風がということもない。事実には主語〔subject〕も客語〔object〕もない」(一六・一九)。

われわれが自分の経験したことを言葉で相手に伝えようとするとき、われわれはまず、いま生起している出来事の主体を確定し、その主体の動きなり変化としてわれわれの経験を伝える。いまの場合で言えば、「風がざわざわいう」というように「主語+述語」の形で言い表し、経験の内容を相手に伝える。そのことによって、私と相手とのコミュニケーションが成り立つ。このような言語による表現が重要な意味を持っていることは言うまでもない。

しかし、先ほどの「悲しい」という場合と同じように、「風がざわざわいっている」と言った場合にも、それで私の経験していることのすべてが言い表されるわけではない。それを別の言葉で補うことはできるであろう。しかし、どのように詳細にその出来事を記述しても、その全体を言い尽くすことはできない。言葉は、結局、経験しているものを固定化し、分割し、その一部を取り出すという役割を果たすものだからである。その固定化によってわれわれが直接経験していたものは、いわば壁に映った影絵のように、その表情を、あるいはその生命を失う。

表情を失った影絵ではなく、生き生きとした表情をもった出来事そのものに肉薄することが、西田がその「純粋経験」論を通してめざしたものであった。そこに見いだされる事実そのものは、「主語も客語もない」ものであり、ただ「自得」されるほかはない、と西田は『善の研究』で語っている。『善の研究』第一編第一章の冒頭の段落で「この色、この音は何であるという判断すら加わらない前」と言われているのは、このような「主語も客語もない」経験のことであると言うことができる。

†西田の「純粋経験」とベルクソンの「直観」

このような、実在そのものは「自得」されるほかはないという西田の主張と、フランスの哲学者アンリ・ベルクソン（Henri Bergson, 1859–1941）の「直観」をめぐる思想とのあいだにわれわれは深く通じるものを見いだすことができる。

アンリ・ベルクソン

西田はベルクソンの名前についてはかなり早い時期から知っていたが、その内容に深く触れたのは、京都大学に赴任してきた一九一〇年以後のことであった（そのとき『善の研究』に収められた諸論文はすでに書き終えられていた）。ちょうどその時期に西田は「ベルグソンの哲学的方法論」、「ベルグソンの純粋持続」というエッセーを発表している。それらが収められた『思索と体験』の「序」で次のように言われている。「京都に来たはじめ、余の思想を動かしたものはリッケルトなどの所謂純論理派の主張とベルグソンの純粋持続の説とであった。後者は之と同感することによって、前者は之から反省を得ることによって、共に多大の利益を得た」（一・一六六）。

この文章からはっきりと読みとれるように、ベルクソンの哲学は西田により、自分の思想と共鳴するものとして受けとめられた。西田がとくに「同感」をいだいたのは、これらのエッセーのなかで言われているように、ベルクソンの「直観」の概念に対してであった。

ベルクソンの言う「直観」とは、事柄を外から捉えるのではなく、事柄のなかに入り込んで、内側からそれを捉えようとする態度ないし方法を意味している。逆に、事柄を外から捉えようとすることをベルクソンは「分析」という言葉で呼んでいる。「分析」とは、対象を既知の要素、言いかえれば他の対象と共通する要素に還元することにほかならない。それに対して「直観」は、動くもの、生まれつつあるもののなかに入り込み、その生命を失うことなく、それをその「動性」において把握することを意味している。

「分析」がある意味で対象を「翻訳」して、つまり他のものと共通する要素である「符号」に置き換えて対象を理解しようとするのに対し、「直観」は、「対象そのものにおいて独自的であり、したがって言葉をもって表現しえないものと合一するために、対象の内部へと自己を移そうとする」[1]。ベルクソンによれば「直観」とは「翻訳」ではなく、「共感(sympathie)」を意味している。

†「物となって見る」

このベルクソンの「直観」の立場について西田は「ベルグソンの哲学的方法論」において次のように解説している。「物自身になって見るのである。即ち直観 Intuition である。従って之を言い現わす符号などいうものはない、所謂言絶《ごんぜつ》の境である」(一・二五五)。あるいは「実在の真面目は到底外から之を窺うことはできぬ、唯之と成って内より之を知ることができるのである(所謂水を飲んで冷暖を自知するのである)[2]」(一・二五六)と言われている。

ここではベルクソンの「直観」を説明するために、「物自身になって見る」、あるいは「之と成って内より之を知る」ということが言われているが、それは同時に「純粋経験」を説明した言葉としても受け取ることができるであろう。たとえば『善の研究』において西田は、――「第2章　実在」でも引用したが――精神と自然とを対置する立場を批判して次のように述べている。「我々が物を知るということは、自己が物と一致するということにすぎない。花を見た時は即ち自己が花となって居るのである」(一二四―一二五)。

そしてこの、事柄は外からではなく、事柄自身になってはじめて把握されるという考えは、初期の思想だけではなく、西田の思想全体を貫くものであった。後期の著作のなかでくり返して用いられる「物となって見、物となって考える」という表現がそのことをよく示している。

3 純粋経験と思惟

†事実そのままの現在意識としての純粋経験

『善の研究』の第一編第二章は「思惟」と題されている。この「思惟」の問題は、以上で見た言葉の問題、言葉がもつ限界の問題と深く関わっている。

いまも見たように西田は、純粋経験とは「判断」が加わる前の純粋な経験の状態であると言う。つまり、赤であればその「赤の赤たること」が、あるいは風で葉が揺れる場合で言えば、その「ざわざわ」それ自体が純粋経験であり、それを言葉で言い表すことはできないと言う。つまり言葉が関与する以前の直接の経験が純粋経験である。

『善の研究』第一編第一章「純粋経験」で西田は、ドイツの心理学者・哲学者であるヴィルヘルム・ヴント（Wilhelm Wundt, 1832-1920）の名前を挙げて、彼が「経験に基づいて推理せられたる知識」を「間接経験」という表現を使って一種の「経験」と捉えていることに異を唱え、「意識現象であっても、……これを判断した時は已《すで》に純粋の経験ではない」（一八）と述べている。直接的な経験を分析して、それについて「AはBである」と判断したときには、それはもう純粋な経験ではない。したがってまた、いくつかの判断から論理的に推理をして、ある結論を導き出したとき、つまり、思惟の働きがそこに関与したときも、それはもはや経験ではないというのである。それに続いて、「真の純粋経験は何らの意味もない、事実其儘の現在意識あるのみである」（一八）と言われている。

†「厳密なる統一」を保った意識の推移としての純粋経験

しかしここで言われている「事実其儘の現在意識」は、「色を見、音を聞く刹那」と言うときの「刹那」という言葉で表現される瞬間的な経験だけを指すのではない。連続した意識の推移、ただし「厳密なる統一」（二〇）を保った意識の推移をも西田はそのなかに含めて考えようとしている。具体的には次のように述べている。「純粋経験の範囲は自《おのずか》ら注意の範囲と一致してくる。しかし余はこの範囲は必ずしも一注意の下にかぎらぬと思う。

我々は少しの思想も交えず、主客未分の状態に注意を転じて行くことができるのである。例えば一生懸命に断岸を攀《よ》ずる場合の如き、音楽家が熟練した曲を奏する時の如き、全く知覚の連続 perceptual train といってもよい」(二〇)。

この断崖をよじ登っていく場合のように、注意が途切れることなく、われわれの意識が厳密な統一を保って変化していくような状態を、西田はここでは純粋経験と呼んでいる。「刹那」の経験だけではなく、連続した知覚をもそのなかに含めているのである。「純粋経験の直接にして純粋なる所以《ゆえん》は、……具体的意識の厳密なる統一にあるのである」(二一)と西田は記している。ここでは第一編第一章冒頭の説明とは違った規定がなされている。これが「純粋経験」についての第二の説明であると言ってよいであろう。

厳密なる統一を保った意識の連続的な変化が「純粋経験」である理由として西田は「意識が一より他に転ずるも、注意は始終物に向けられ、前の作用が自ら後者を惹起《じやつき》しその間に思惟を入るべき少しの亀裂もない」(二〇)ということを挙げている。いまの断崖をよじ登っていく例で言えば、たしかにわれわれは、他のことを考えないで、ただひたすら断崖をよじ登ることに意識を集中すると考えられる。

しかしそのような場合においてもわれわれは何も考えないわけではない。どこに手をかければよいかを必死になって考え、いくつかの選択肢のなかから、いちばんよいと考えられるものを選んだりしている。思考、あるいは思惟がそこに入り込んでいる。したがって、そのような場合、「思惟を入るべき少しの亀裂もない」かどうかは、保留しなければならないであろう。

しかし、いずれにせよ、注意が断崖を登ることに向けられていることはまちがいない。このようにある一つのこと——この場合で言えば、この断崖を登りきること——に意識を集中したような経験、その意味で「厳密なる統一」を保った経験を、西田はここでは「純粋経験」と呼んでいるのである。

†西田の思惟についての理解

第一編第二章「思惟」では、西田は以上とはまた違った説明をしている。純粋経験と思惟とはいかなる関係にあるのかということがその視野のなかに入ってきたからであろう。まずこの章の冒頭で、思惟について次のように述べている。「思惟というのは心理学から見れば、表象間の関係を定めこれを統一する作用である。その最も単一なる形は判断であって……」(二八)。

「判断」というのは、先ほど述べたように、「このバラの花は赤い」といった命題の形で言い表される。この場合で言えば、「バラの花」という表象と「赤い」という表象とを一つに結びつけたものが判断である。このような仕方で「判断」を重ねていき、いくつかの判断、たとえば「このバラの花は赤い」とか、「このバラの花は白い」、「このバラの花は黄色い」とかいった判断から推理をして、「バラの花の色にはさまざまなものがある」というような結論を導き出すのが思惟である。したがって思惟は、先ほどの純粋経験とは「判断」がなされる以前の、あるいは言語が関与する以前の「事実其儘の状態」であるという定義に照らせば、純粋経験ではないということになる。

しかしこの第二章で西田は、「思惟の作用も純粋経験の一種である」と主張している。あるいは「思惟と経験とは同一であって……」とも記している。そのような理解は、純粋経験についての西田の基本的な考えと相容れないのではないかという疑問がそこに生まれてくる。『善の研究』が出版された翌年、高橋里美による「意識現象の事実と其意味《その》――西田氏著『善の研究』を読む」と題した書評が発表された。高橋はこの著作をていねいに批評し、まさにいま言った問題を取りあげている。それについては、あとで改めて触れることにしたい。

†純粋経験のなかに生じる衝突

なぜ西田は純粋経験と思惟とが同一であると言うのであろうか。先ほど、純粋経験とは

「厳密なる統一」を保った経験であると言ったが、私たちの経験においては、むしろその統一性が失われることの方が多い。たしかに小説を読んでいて、ほかのことを忘れてその世界に没頭するということもあるし、時間を忘れて囲碁や将棋に熱中するというようなこともある。しかし、小説を読む場合で言えば、たいていの場合、小説の筋から離れて、この主人公はどういう家庭に生まれたのだろうかとか、どういう顔をしているのだろうか、といったようなことを考えたりする。小説の展開が途切れることはしばしばである。そこに思惟が始まる。そうであるにも拘わらず、どうして純粋経験と思惟とが同一であると言われるのであろうか。

西田も第一章「純粋経験」のなかで、純粋経験の純粋性がすぐに失われ、そこに不統一が生じることを認めている。「我々に直接に現われ来る純粋経験に対し、すぐ過去の意識が働いて来るので、これが現在意識の一部と結合し一部と衝突し、ここに純粋経験の状態が分析せられ破壊せられるようになる」(二六)と述べている。このように「純粋経験」はすぐに途切れ、そこに衝突が生まれる。そこにまさに「意味」や「判断」が生じる。

†意味と判断

この「意味」や「判断」について西田は次のように記している。「いかなる意識があっても、そが厳密なる統一の状態にある間は、いつでも純粋経験である、即ち単に事実である。これに反し、この統一が破れた時、即ち他との関係に入った時、意味を生じ判断を生ずるのである」(二五―二六)。

「統一が破れた時」というのは、具体的に言うと、たとえばバラの花の美しさに見とれていたときに、ふと過去にどこか別の場所で見たバラの美しさが心に浮かんでくるといったことが考えられる。そのとき、我を忘れて目の前のバラの美しさに見入っていたこと、この「厳密なる統一」が破られ、目の前のバラと以前に見たバラとを比較して、どちらが美しいかを考えたりする。そこで、この目の前のバラはいままでに見たどのバラよりも美しいというような「意味」が浮かび上がってくる。そしてこの浮かび上がってきた「意味」に基づいて、われわれは「このバラはいままでに見たどのバラよりも美しい」という「判断」をする――このプロセスが思惟である――。

先の引用で言われていたように、バラの美しさに我を忘れるという純粋経験そのものには「意味」もないし、「判断」も関与していない。それはただ「事実」であるにすぎない。このように西田は第一編第一章では「事実」と、「意味」や「判断」とを明確に区別している。そして、「意味或いは判断の中に現われたる者は原経験より抽象せられたるその一部であって、その内容においてはかえってこれよりも貧なる者である」(二四―二五)としている。「意味」や「判断」に対しては、純粋経験と比較して、明確に否定的な意味づけがなされている。

†「一層大なる体系的発展」

それに対して第一編第二章「思惟」では、経験の厳密な統一が破れ、そこに矛盾や衝突が生まれることに積極的な意味づけがなされている。具体的には次のように言われている。「一面より見て斯《かく》の如く矛盾衝突するものも、他面より見れば直《ただち》に一層大なる体系的発展の端緒である」。換言すれば大なる統一の未完の状態ともいうべき者である」(三六)。いまの例で言えば、バラに見とれていたわれわれの意識のなかに「矛盾衝突」が生じ、その流れが途絶えたとしても、そこでわれわれはふたたび、いま見ているバラと過去に見たバラとを同時に思い浮かべ、それらを比較して、どちらが美しいかといったことを考え始める。そこに意識の新たな流れが生まれる。それがここで言われている「一層大なる体系的発展の端緒」である。

そのような観点からさらに、思惟(あるいは反省的思惟)というのは、「大なる一直覚の上における波瀾《はらん》」であるとも、また「大なる意識体系の発展実現する過程にすぎない」(三六)とも言われている。大きな意識の流れのなかで見れば、いま言った「矛盾衝突」は小さな一つの局面にすぎないのである。

同じ箇所で、「純粋経験の事実は我々の思想のアルファでありまたオメガである」(三六)とも言われている。われわれの意識は、純粋経験から始まって、そこに思惟による波瀾が生じていったん途切れても、また純粋経験に戻っていくということがここで指摘されている。最初の小さなまとまった意識の展開がいったん途切れても、その矛盾衝突を内に含むような仕方でそこに「一層大なる体系的発展」が生まれてくるのである。

この、「純粋経験」とは断絶や不統一をそのうちにはらんだ意識の「体系的発展」だという説明が、西田の「純粋経験」についての第三の説明である。

そういう観点から西田は、「純粋経験説の立脚地より見れば、我々は純粋経験の範囲外に出ることはできぬ」(二五)と述べている。波瀾や矛盾衝突が生じても、それらは結局、大きな意識の流れのなかの一局面としてそのなかに包摂されていくのであり、われわれはいつもその大きな純粋経験の範囲のなかにあるというのである。

†思惟も純粋経験の一種

こういう理解に立って、西田はこの第一編第二章で、「思惟の作用も純粋経験の一種である」(三〇)と言ったり、あるいは、「純粋経験は直に思惟であるといってもよい」(三七)

と述べたりしている。西田はなぜここで純粋経験と思惟とが同一であると言うのであろうか。その理由の一つは、いま述べた点、つまり、大きな視点から言えば、われわれはつねに純粋経験のなかにいるという点にある。もう一つの理由は、純粋経験も思惟も同じ構造をした経験であるという点にある。

そこには西田の独自の「判断」についての理解がある。「判断」というのは、先ほども言ったように、一般には二つの独立した表象を結びつけたものであると言われる。しかし西田は、そのもとにはつねに「或る一つの全き表象」(二八)があると言う。「このバラの花は赤い」という場合で言えば、このように言い表す前に、「赤いバラ」という全体的表象が、第一編第二章で挙げられている例で言えば、われわれが「馬が走る」と判断するとき、それに先だって「走る馬」(二八)という全体的表象がある。

この全体的表象を西田は、「統一的或る者」という言葉で言い表している。「第2章　実在」で見たように、第二編「実在」第四章「真実在は常に同一の形式を有って居る」において西田は、「真実在とは何か」という問いを立て、この真実在について、「先ず全体が含蓄的 implicit に現われる、それよりその内容が分化発展する、而《しか》してこの分化発展が終った時実在の全体が実現せられ完成せられるのである」(八五—八六)と述べている。この、最初含蓄的 implicit に現われる全体が「統一的或る者」である。

この説明と一致するが、第一編第一章でも「意識の体系というのは凡ての有機物のように、統一的或る者が秩序的に分化発展し、その全体を実現するのである」（二三）と言われている。すべての有機物と言われているが、たとえば受精卵のようなものを考えるとよく理解できるであろう。受精卵が分裂をくり返し、頭や手足、内臓になる部分が形成されていき、やがて一個の生長した個体ができあがる。それと同様に西田は純粋経験を、最初すべてのものを implicit に、つまり萌芽の形で包含しているもの、「含蓄的なもの」が現れ、それがやがて展開し、分化発展していくプロセスとして理解している。これが西田の「純粋経験」についての第四の説明である。

✝ジェームズから受けた影響

「純粋経験」がある一つの統一的なものの発展であるという西田の理解の背景にあるのは、一つは、ウィリアム・ジェームズの経験理解である。ジェームズは『プラグマティズム』（一九〇七年）や『根本的経験論』（一九一二年）などの著作で知られる。後者には、当時アメリカの出版社で働いていた鈴木大拙が西田に送った「純粋経験の世界」（A World of Pure Experience）という論考が収められている。この表題からも見てとれるように、「純粋経験」（Pure Experience）の概念はジェームズの哲学においても重要な役割を果たした。このジェームズの「純粋経験」論が西田にとって大きな刺激になったことは、大拙宛の西田の書簡（『善の研究』第一編のもとになった論文「経験と思惟及び意思」が『北辰会雑誌』に発表される前年の書簡）のなかの「近来 W. James 氏などの Pure experience の説は余程面白いと思う」（一九・一〇七）という言葉からも知られる。[3]

『善の研究』を読むと、この論文だけでなく、それ以前にジェームズが携わっていた心理学に関する研究から西田が大きな影響を受けていたことが分かる（西田が四高で「心理」を教えていたことも関係しているであろう）。いま挙げた大拙宛書簡のなかの、「これまでの哲学は多く論理の上に立てられたる者であるが余は心理の上に立てて見たいと思う」（一九・一〇七）という文章も、その影響を示すものと言ってよいであろう。

「第2章　実在」ですでに触れたが、西田は第二編第四章「真実在は常に同一の形式を有って居る」の章で、「ジェームスが「意識の流《ながれ》」においていった様に、凡《すべ》て意識は右の如き形式をなして居る。例えば一文章を意識の上に想起するとせよ、その主語が意識上に現われた時已《すで》に全文章を暗に含んで居る。ただし客語が現われて来る時その内容が発展実現せらるるのである」（八六）と述べている。「右の如き形式」というのは、先ほど引用した文章で言われていたこと、つまり、最初「含蓄的 implicit に」現われた全体が分化発展し、そのあと全体が実現されるということを指す。「主語が意識上に現われた時已に全文章を暗に含んで居る」というのは、たとえば「さくらさくら」という童謡を例に取れば、この歌の最初に出てくる「さくら」という言葉は、ただ単に桜の木を意味しているのではなく、そのなかにすでに「いざやいざや、みにゆかん」という最後の小節までも含めたこの歌全体がそのなかに包含されている。このimplicitに内包されていたものが具体的に外に現れでる形で歌が歌われていくのである。このように最初implicitにすべてを含んでいたものが自己自身を具体化していくプロセスとして西田は純粋経験を理解していたと言うことができる。

†ヘーゲルの「概念」についての理解

西田の純粋経験の理解に大きな影響を与えた思想家として、ジェームズとともにヘーゲルの名前を挙げることができる。第一編第二章「思惟」において西田は、「一般とは具体的なる者の魂である」（三七）という文章を引用している。これは、「普遍的な者は具体的なものの魂である」というヘーゲルの『論理学』の文章に基づいている。この「普遍的な者」というのは、先ほどの西田の文章で言えば、「含蓄的implicitに現われる」全体のことである。ヘーゲルでは「概念」と呼ばれている。「概念」というのは、一般には、個々の具体的な事物からそれらに共通する性質を取りだしたものと考えられている。たとえば机で言えば、四本の足で支えられた板状のもので、その上でものを書いたりするもの、というのがそれである。ヘーゲルの言う「概念」は、この具体性を欠いた単なる抽象的な規定のことではない。ヘーゲルは『エンチュクロペディー』のなかで、「概念は抽象的であるにも拘わらず、具体的なものである。しかも端的に具体的なもの、主体としての主体である」（第一六四節）と言う。たしかにそれは最初はその具体的な内容をまだ潜在的な形で含んでいるにすぎない。その意味で抽象的である。しかし、やがて自己自身を具体化していく。「多様性と差異性」をもったその具体的な内容を展開していく（それが「主体」ということである）。この全体がヘーゲルの言う「概念」であり、その意味でヘーゲルは「概念は抽象的であるにも拘わらず、具体的なものである」と言うのである。

†純粋経験と思惟との同一性

先ほど引用した「先ず全体が含蓄的 implicit に現れる、それよりその内容が分化発展する、而してこの分化発展が終った時、実在の全体が実現せられ完成せられるのである」という文章は、このヘーゲルの理解を前提にして語られたものだと言うことができる。それをよく示しているのは、『善の研究』出版の翌年に書かれた「論理の理解と数理の理解」という論文の次の文章である。

「動的一般者の発展の過程はまず全体が含蓄的に現われ、これより分裂対峙の状態に移り、また、元の全体に還り来って、ここにその具体的真相を明らかにするのである。ヘーゲルのいう様に an sich〔即自的〕より für sich〔対自的〕に移り、それからまた an und für sich〔即自かつ対自的〕となるのである」(一・二六二)。まず最初のすべてを含蓄的に含んだものが「即自」と言われている。それが展開して「多様性と差異性」とが浮かびあがってきた状態が「対自」である。そしてそれを含む形で実現した、最初の含蓄的なものの本来の姿が「即自かつ対自」と表現されている。ここで重要なのは、その過程が、ただ単に潜在的に含まれていたものが外に現れでて現実的なものになっていくプロセスとしてではなく、そのうちに対立ないし矛盾を含み、それを踏まえて、あるいはそれを乗り越えて発展していく過程として捉えられている点である。『善の研究』では、この対立ないし矛盾が、他から与えられるのではなく、それ自身のうちから生じることが強調されている。これらの点にもヘーゲルの影響を見て取ることができる。

もし思惟が、以上で見たように、最初すべてのものを implicit に内に含む一般的なものがそれ自身を具体化していく過程であるとするならば、「統一的或る者」の分化発展である純粋経験とそれとを区別して考える必要はない。そのような根拠に基づいて、西田はむしろ「純粋経験は直に思惟であるといってもよい」(三七)と主張するのである。

†純粋経験からすべてを説明したいという西田の意図

さらに、西田が『善の研究』に込めた全体的な意図との関わりで言うと、西田は「序」のなかで、「純粋経験を唯一の実在としてすべてを説明して見たい」(六)と記している。この言葉のなかに、西田が『善の研究』を通して何を書こうとしたのか、その意図が集約された形で表現されている。第一編第二章の主題である「思惟」も、さらに言えば、第三編で問題にされる「善」の問題や第四編で問題にされる「宗教」の問題もすべて、純粋経験こそが真の実在であるという考えに立って説明したいというのが、『善の研究』を貫く西田の考えであったと言うことができる。

そういう観点から西田は第一編第二章「思惟」において、純粋経験と思惟との共通性を明らかにしようとしたのであろう。その最後の段落で、この章の思索をまとめる形で、「これを要するに思惟と経験とは同一であって、その間に相対的の差異を見ることはできるが絶対的区別はないと思う」(四〇)と述べている。純粋経験には「思惟を入るべき少しの亀裂もない」という第一編第一章における説明とは異なり、ここでは、むしろ思惟と純粋経験との同一性に目が向けられている。「純粋経験と思惟とは元来同一事実の見方を異にした者である」(三七)とも言われている。

高橋里美（京都哲学撰書第十七巻『高橋里美 全体性の現象学』より）

†高橋里美の『善の研究』に対する批判

先に少し触れたが、『善の研究』が出版された翌年に高橋里美が「意識現象の事実と其《その》意味——西田氏著『善の研究』を読む」と題した論文を執筆し、西田の書に批評を加えた。高橋は東京大学を卒業して、まだ大学院に籍を置いていた若い研究者であったが、この書をていねいに読み、一方では、「本書は恐らく明治以後に邦人のものした最初のまた唯一の哲学書であるまいかと思う。……その思想の内容に関しては、始めてこれに接して驚喜し、再三接するに従って畏敬の念に堪えない[4]」と、この書に接した時の感銘を記すとともに、他方、この書の綿密な検討を通して、とくに純粋経験の概念をめぐって、そのあいまいさを衝くいくつかの疑問や批判の言葉を記している。

そこで高橋がとくに問題にしたのが、純粋経験と思惟との関係であった。もし純粋経験と思惟との同一が主張されるのであれば、あるいは両者の違いが単に「程度の差」（二六）にすぎないとされるのであれば、「純粋経験」が最初にいささかも思慮分別を加えない経験そのままの状態と定義されたことが無に帰することになるのではないか、という指摘を行っている。「純粋経験」の立場からすべてを説明するために、その範囲を拡張しようと努力することによって、かえって「知らず識らず純粋経験を稀薄にし、かつ不純にし、これを主張しえたと思いながらその実これを否定しつつあったのではあるまいか[5]」というのが、高橋が西田に対して示した疑問であり、批判であった。

†西田の高橋に対する反論

この高橋の批判に対し、西田はすぐに「高橋（里美）文学史の拙著『善の研究』に対する批評に答う」という文章を発表し、次のように答えている。「余が第一編『純粋経験』において論じたところは、純粋経験を間接な非純粋なる経験から区別することを目的としたのではなく、むしろ知覚、思惟、意志および知的直観の同一型なることを論証するのが目的であったのである。余はどこまでも直覚と思惟とを全然別物とみなす二元論的見方をとるのではなく、この両者を同一型とみなす一元論的見方を主張したいと思うのである」（一・三〇二）。

このように西田は高橋に対して反論したのであるが、しかしその答は必ずしも十分なものではなかった。純粋経験と思惟とがその形式において「同一型」であるとしても、主客の対立以前の純粋経験と、主客の対立の上に展開される思惟とのあいだの関係、つまり、純粋経験からどのようにして主客の対立の場が開かれ、どのようにして思惟が成立するのか、思惟が純粋経験に対してもつ積極的な意味はどこにあるのか、あるいは思惟の活動の独自な原理はどこに存するのか、といった問題はそこでは答えられていないからである。

†西田の思索のその後の展開

しかしその問題こそがまさに一九一三年から一九一七年にかけての西田の思索（一九一七年に『自覚に於ける直観と反省』という表題で単行本として出版）を導いたものであったと言うことができる。『善の研究』ではおおわれていた直観と思惟との問題がそこで顕在化し、その解決を西田に迫ったと言うことができる。『自覚に於ける直観と反省』の冒頭で西田は次のような問いを提示している。

「直観というのは、主客の未だ分かれない、知るものと知られるものと一つである、現実そのままな、不断進行の意識である。反省というのは、この進行の外に立って、翻ってこれを見た意識である。……いかにしても直観の現実を離れることができないと考えられる我々に、かかる反省はいかにして可能であろうか、反省は直観にいかに結合せられるか、後者は前者に対していかなる意味をもっているであろうか」（二・一五）。

このように高橋の批判は、西田のさらなる思索に結びついていった点で大きな意味をもつものであったと言うことができる。(6)

4　純粋経験と意志

†知情意のうちでもっとも根本的な形式としての意志

「第2章　実在」で述べたように、われわれの意識の働きには知性的・感情的・意志的という三つの側面がある。われわれの経験は「知情意」の三つの側面を具備していると言ってもよい。西田はそのなかで意志がもっとも根本的な形式であると言う。『善の研究』第二編「実在」第三章「実在の真景」のなかでも西田は、そうした趣旨のことを述べていた。たとえばそのなかで次のように述べている。「この〔知情意という〕三方面の中、意志がその最も根本的なる形式である。主意説の心理学者〔ドイツの心理学者・哲学者ヴィルヘルム・ヴントの名前がこのあと挙げられている〕のいう様に、我々の意識は始終能動的であって、衝動を以て始まり意志を以て終るのである。それで我々に最も直接なる意識現象はいかに簡単であっても意志の形を成して居る。即ち意志が純粋経験の事実であるといわねばならぬ」（八〇）。

われわれの意識の働きの起点には衝動があり、明確な意志が形成されることによって終わるというのである。具体的な例は挙げられていないが、たとえば何かを思いついて絵を描き始めたときのようなことを考えてもよいであろう。最初は何かに突き動かされて描き始めるのであるが、キャンバスに絵の具を置いていくうちに、自らの意図していたものが明確になってくるというような例がそれに当たるかもしれない。そういうことを踏まえて、「意志が純粋経験の事実である」ということが言われていると考えられる。

この「純粋経験の事実は意志である」というのが、西田の「純粋経験」についての第五の説明であると言える。

†凡ての意識の原形は意志

われわれの意識の働きのうちにある知性的・感情的・意志的という三つの側面のうち、意志的側面が前面に出ている場合だけでなく、知性や感情の面が前面に出ている場合でも、やはりこのようにその起点には衝動があり、明確な意志が形成されることによってその意識活動が終わるというように、西田は考えている。

確かにわれわれの知的な作業、何か不思議なことに出会って、その原因が何かを探究していく場合、まずそれを探究したいという意欲が生まれ、それを明らかにするために必要な作業を辛抱強く行い、その結果として、最後にその原因が解明される。そこには強い意志が働いていると言ってよい。

このような知的な作業だけでなく、西田は知覚のような一般的に受動的と考えられている働きにおいても、やはりそこには能動的なものが働いていると考えている。「意志が凡ての意識の原型である」（八七）とも言われている。先ほど、西田が純粋経験と思惟とのあいだにある違いを「見方」の違いとか、「程度の差」という言葉で説明しているのを見たが、ここでも衝動や知覚と、意志や思惟との違いは「程度の差」（八七）にすぎないと言われている。そのような理解の上に立って西田は「知覚は一種の思惟と云っても差支《さしつかえ》ない」（八七）と述べている。

†知覚の構成的・理想的要素

知覚が能動的であり、意志や思惟との違いは「程度の差」にすぎないというのは、どういうことを指すのであろうか。第一編第四章「知的直観」では、「普通の知覚であっても、……決して単純ではない、必ず構成的である、理想的要素を含んで居る」（五六）と言われ、第二編第三章「実在の真景」では、「知覚は、いかに簡単であっても決して全く受動的でない、必ず能動的即ち構成的要素を含んで居る」(七九)と言われている。

ここで「構成的要素」あるいは「理想的要素」という、簡単には理解するのが難しい表現がされている。それについて西田は詳しい説明をしていないが、第一編第四章では、先の引用に続いて次のように述べている。「余が現在に見て居る物は現在の儘《まま》を見て居るのではない、過去の経験の力に由りて説明的に見て居るのである。この理想的要素は単に外より加えられた聯想《れんそう》という様〔なもの〕ではなく、知覚其者《そのもの》を構成する要素となって居る、知覚其者がこれに由りて変化せられるのである。この直覚の根柢に潜める理想的要素はどこまでも豊富、深遠となることができる」(五六—五七)。

知覚、つまり、外から情報を得、それをもとに外にあるものを一つのまとまった有意味な対象として捉えることは、単なる受動的な作業ではなく、われわれが過去の経験を通して獲得し、記憶のなかに蓄えられた知恵が関与してはじめて成立すると考えられる。つまり知覚は受動的な要素と能動的な要素とが一つになってはじめて成立するのである。

具体的な例を挙げると、たとえば海辺で水遊びをしていて、見たことのない生き物を発見するというようなことがある。そのとき、われわれは直感的にそれが有毒なものかそうでないかを判断したりする。そういうときに、この構成的要素が働くのである。そうした働きのなかに、西田は、明確に意識されてはいないが、しかし人体に悪い影響を与えるものを遠ざけたいという意志的なものがあることを見てとったのであろう。

†知と行為との同一

このように西田はわれわれの経験のなかで意志が重要な役割を果たしていると言うのであるが、これまでの研究の歴史のなかでは、純粋経験のそうした側面にはあまり注意が向けられてこなかった。「実在とは何か」とか、「経験とは何か」といった理論的な問題に関わって西田がこの概念について説明しているところに目が向けられてきた。しかし、いまも見たように、西田のなかでは、意志や行為といった実践的な側面にも注意が向けられ、重要な位置づけがなされている。それが西田哲学の一つの根本的性格であると言ってもよいであろう（後期の思索では、前期よりもいっそう、行為や実践の問題が重視されている）。

たとえば第三編「善」第一章「行為 上」では、中国・明の時代の儒学者で、いわゆる陽明学を確立した王陽明（一四七二—一五二九）の名前を挙げて、意志や行為の重要性が強調されている。具体的には「王陽明が知行同一（一般には知行合一と言われる）を主張した様に真実の知識は必ず意志の実行を伴わなければならぬ」（一四〇）と言われている。

王陽明は最初、中国・南宋の時代の儒学者朱熹（朱子、一一三〇—一二〇〇）の提唱した学問、いわゆる朱子学を学んだ人であるが、徐々にそれを批判し、独自の思想を作り上げていった。朱子学においては「格物致知」とか「格物窮理」ということが主張され、「格物」つまり「物に格（至）る」ということが重視された。具体的に事物に触れ、理を窮めていくことが大切だとされたのである。それに対して王陽明は、自分の外にある事物に触れただけでは理を窮めることはできない。むしろ自分の心の中にあるものこそが大切であると考えた。そしてこの「格物」を「物に格（正）す」と読んだのである。そして自らの立場を「心即理」という言葉で表現した。心は「理」を具えた偉大なものであるというのが彼の考えであった。そしてそれはおのずから外に現れると考えたのである。

朱熹（朱子）と王陽明の違いは、朱子の方が実践よりも知識の重要性を強調したのに対し――その思想はしばしば「知先行後」と表現される――、王陽明が、知と行とは一体のものであり、分けて考えることはできないと考えた点にある。この自らの考えを王陽明は先ほど言った「知行合一」という言葉で表現したのである。

†知の極点としての意志

王陽明の主著である『伝習録』には、「知は行《こう》の主意、行は知の功夫《くふう》なり。知は行の始、行は知の成なり」という言葉がある。知は行為の目的、めざすところであり、行為は知の実践、具体化である。知は行為の始めであり、行為は知の完成である、という意味である。

西田はこの王陽明の「知行合一」説に強い共感を抱いていたようで、「純粋経験に関する断章」のなかでも、「王陽明が知行合一といった様に、十分なる知は実行でなければならぬ。凡ての知識はこれを体得して真の知識ということができる。……意は知の極点である（意は統一であるが故に）」と述べている（一六・六〇—六一）。

「意は知の極点である」というのは、先ほど引用した『伝習録』の「行は知の成なり」という言葉に対応するが、われわれの知の営みは、それが単なる表面的な知識にとどまらず、自分の身につくことによって、そしてそれを活用することができるようになって、はじめてほんとうの意味での知になる。そこまでいって知識として完成したものになるということであろう。知が体得されるとき、われわれはそれを具体化し、生活のなかに生かそうとする。そこに意志が働く。そのような意志によってわれわれの知の営みが統一づけられる。このように意志がわれわれの意識現象を統一づける位置に立つという意味で、「意は知の極点である」と言われたのである。

†純粋経験における知識と意志との関係

前に見たように、西田は純粋経験においては「知情意」が一体になっているということを強調するのであるが、いま見た「意は知の極点である」という言葉が示す理解、つまり、意志がわれわれの意識現象を統一づける位置に立つという理解は、それとは少し異なっているように見える。

ただ、第一編第一章「純粋経験」においても、ほぼそれに近い見解が示されているところもある。たとえば「純心理的に見れば意志は内面における意識の統覚作用である。而してこの統一作用を離れて別に意志なる特殊の現象あるのではない、この統一作用の頂点が意志である」(二四)と言われている。「統覚」というカント哲学に由来する言葉が用いられているが、ここでは「統一作用」とほぼ同じ意味で「統覚作用」という言葉が使われている。意識の働きを統一づける作用の頂点に意志があるということが言われており、「意は知の極点である」という理解とも重なる。

それと同時に、この第一編第一章において、意志の活動そのものが純粋経験だという言い方もされている。具体的には、「主意説のいう様に、意志が意識の根本的形式であるといい得るならば、意識発展の形式は即ち広義において意志発展の形式であり、その統一的傾向とは意志の目的であるといわねばならぬ。純粋経験とは意志の要求と実現との間に少しの間隙もなく、その最も自由にして、活潑なる状態である」(二三)と言われている。主意説というのは、先ほども言ったように、主にヴィルヘルム・ヴントらの立場を指すが、それが主張するように、われわれの意識の働きは、その根本において、意志の発展という形を取るというのである。「広義」という言い方がされているので、意志を「知情意」というように三つの側面の一つとしてではなく、広い意味で理解すればということであろうが、われわれの意識現象、つまり純粋経験は、意志が活潑に働き、その目的が具体的に実現されていくプロセスであり、その意味で、意志と純粋経験とは別のものではないということがここで言われている。

†知識と意志とは同一現象の二つの側面

先ほど見たように、第一編第一章「純粋経験」において、意志がまさに意識の統一作用の頂点であると言われるのであるが、しかし、第一編第三章「意志」のところでは、またそれとは少し異なった説明がなされている。西田の「意志」についての説明がやや揺れていることが感じられる。

この第一編第三章では、すべての意識現象が、知識と意志という二つの面をあわせもっており、知識と意志とは「同一現象」の二つの側面であるということが言われている。具体的には、「純知識であっても何処《どこ》かに実践的意味を有《も》って居り、純意志であっても何らかの知識に基づいて居る。具象的精神現象は必ず両方面を具《そな》えて居る、知識と意志とは同一現象をその著《いちじる》しき方面に由りて区別したのにすぎぬのである、つまり知覚は一種の衝動的意志であり、意志は一種の想起である」(四三)と言われている。

われわれの意識現象は、本来は、そのうちに知識的側面と意志的側面とを具えた同一の現象なのだということがここで言われている。

†知識と意志の対立とその克服

もしそのように言われるとすれば、本来同じ現象であるにも拘わらず、なぜそこに知識と意識の対立が生まれるのか、という疑問が生じる。

その点に関して第一編第三章「意志」において、まず、純粋経験の事実そのものには、本来、意志と知識との区別はない、ということが強調されている。そのことが「知即行」という王陽明の立場を連想させる言葉で言い表されている。しかしそのあとすぐ、次のように言われている。「ただ意識の発展につれて、一方より見れば種々なる体系の衝突のため一方より見れば更に大なる統一に進むため、理想と事実との区別ができ、主観界と客観界とが分れてくる、そこで主より客に行くのが意で、客より主に来るのが知であるというような考も出てくる。知と意との区別は主観と客観とが離れ、純粋経験の統一せる状態を失った場合に生ずるのである。意志における欲求も知識における思想も共に理想が事実と離れた不統一の状態である」(五〇)。われわれの意志と知識とが一体になった経験は、その進展とともに、理想と事実との乖離を引き起こす。あるいは主観と客観との分離を生みだす。この分離、あるいは不統一の状態に立ち至ったときに、知識と意志とが区別される。

知識と意志とはそのように区別されるのであるが、しかしともにこの不統一の状態を克服し、統一の状態へと立ち返ろうとするというように西田は考えている。先の言葉に続いて、「意志の実現とか真理の極致とかいうのはこの不統一の状態から純粋経験の統一の状態に達するの謂《いい》である」（五〇）と述べている。ここでは西田は純粋経験を、このように不統一を含みながらも、意志のめざしたものを実現し、完全な真理を獲得しようとする営みとして理解している。

†善と意志との関わり

この意志の問題、そして行為の問題は——当然のことでもあるが——第三編「善」においても詳しく論じられている。そこで意志や行為の問題がどのように論じられているかを少し見ておきたい。まず第三編第一章「行為 上」において、行為は多くの場合、身体的動作を伴うが、実際に身体的な動作にまで至るかどうかは重要ではなく、「要部は内界の意識現象にある」（一三六）と言われている。またそのあと、「行為の要部は実にこの内面的意識現象たる意志にある」（一三七）というように、この内界の意識現象が「意志」という言葉で言い直されている。つまり、行為においてもっとも重要なのは、(内面の)意志であり、その意志が実際の動作に結びついたかどうかは、それほど重要なことではないというのである。

では、その意志とは何であろうか。この第三編第一章では次のように説明されている。まず最初に、「肉体的もしくは精神的の素因」(一三七)――あるいは「先天的要求(意識の素因)」(一八八)――というものがある。衝動とか本能といったものである。その素因に基づいて、われわれは「一種の衝動的感情」を抱くのであるが、それが一般に言われる「動機」である。その動機を具体化したときに得られる結果の観念が、「目的」として意識される。そこに「欲求」が生まれる。それが身体的動作に結びついていくのである。この一連の意識現象の全体が「意志」であると言われている。

この意志は「善」とどのように関わるのであろうか。第三編第九章「善(活動説)」において西田は、いま言った「意志」の実現、つまり「先天的要求」すなわち「吾人の理想」が実現されることが「善」であると述べている。この「善」を「内面的要求即ち理想の実現、換言すれば意志の発展完成」(一八九)と定義している。そしてこのような考え方に立脚した倫理学説を西田は「活動説 energetism」(一八九)と呼んでいる(一一四頁参照)。

確かに「善」をそのように定義することは可能であるが、しかし、はたして衝動とか本能といった「先天的要求（意識の素因）」の実現が「善」なのかという点に関しては、疑問が残るであろう。その点に関して西田は、第三編第八章「倫理学説の諸説 その四」で、利己的な欲求の実現、利己的な快楽の追求が必ずしも「善」ではないと述べている。われわれのなかには「高尚なる他愛的または理想的の欲求」（一八三）があるとも、「我々人間には先天的に他愛の本能がある」（一八四）とも述べている。明確に言われていないが、西田はこの「他愛の本能」も「先天的要求（意識の素因）」のなかに含めて考えていたと言ってよいであろう。

いずれにせよ、利己的な欲求ではなく、この先天的な「他愛の本能」に基づいて、それを「目的」として掲げ、実現していくこと――この全体が西田の理解では「意志」である――が「善」であるというのが、西田の考えであったと言うことができる。

5　知的直観

†知的直観とは何か？

第一編「純粋経験」の最後の章である第四章は「知的直観」と題されている。哲学の歴史のなかでは、アリストテレスなども知性の直観作用であるノエシス（νόησις）について語ったが、とくにこの「知的直観」という術語を使ったのは、カント、さらにはフィヒテやシェリングなどドイツ観念論と呼ばれる立場に立ったドイツの哲学者たちであった。

まず、カントに従って言うと、「知的直観」は「感性的直観」に対立するものである。「感性的直観」というのは、目や耳などの感覚器官に与えられるデータをもとに物事を把握することであるが、それに対して「知的直観」は、そのような感覚器官に与えられるデータを介さないで、直接に物事を把握する知性の純粋な働きのことである。カントは、神ならばいざ知らず、人間にはそのような能力はないと考えた。人間は、感覚器官に与えられるデータをもとに得られた知識を少しずつ積み上げて、知識を拡張していくことができるだけであるとした。この第四章のなかに「弁証的に知るべき者」（五六）という表現があるが、これはいわゆる弁証法を指すのではなく、試行錯誤しながら少しずつ確かな知を積み上げていく方法を指している。

それに対してフィヒテはこの「知的直観」を認めた。フィヒテは——西田と同じように——主観や客観の存在を前提にして、そこから出発するのではなく、これらを、われわれの知性の根源的な働き、その能動性から説明しようとした。この知性の根源的な働きを知性自身が直接意識することがフィヒテの言う「知的直観」である。

†西田の「知的直観」についての理解

西田はこのような哲学の歴史を踏まえながら、それからは自由に、独自の意味でこの「知的直観」という言葉を使っている。まず「知的直観」を何か特別な神秘的能力とみなすことに反対している。むしろわれわれが日常行っている知覚的経験と「同一種」であることを強調している。ただ、先ほど述べたように、この私たちの日常行っている知覚も、単に外から一方的に情報を受け取るという受動的な働きではなく、われわれが過去の経験を通して獲得し、記憶のなかに蓄えた知恵が関与してはじめて成立する。つまり知覚は受動的な要素と能動的な要素とが一つになってはじめて成立する。西田の言う「知的直観」はこの能動的な要素、先ほど言った「理想的要素」と深く関わっている。

卑近なもので言うと、自転車の乗り方といった体得知、体で覚えた知も、その一例になるであろう。誰しも最初はうまくいかず転ぶが、やがてその骨《こつ》が分かって一人で乗れるようになり、そのうちまったく無意識に乗り回せるようになる。その骨を体が覚えたのである。絵を描くような場合においても、熟練すればするほど、筆が意のままに動くようになる。そういう状態が、「理想的要素」が深く豊かになった状態だと考えられる。モーツァルトの作曲の様子がその例に挙げられている。第一編第四章のなかに、「モツァルトは楽譜を作る場合に、長き譜にても、画や立像のように、その全体を直視することができたという」（五七）という記述がある。

西田の言う「知的直観」というのは、われわれが外から得る情報とこの「理想的要素」が一体になって物事を把握することを指している。

†普通の経験以上の直覚としての知的直観

この「理想的要素」は、目の前のチューリップをチューリップとして知覚するような場合にも重要な働きをするが、西田はこの「理想的要素はどこまでも豊富、深淵となることができる」（五七）としている。そのような例として西田は「学者の新思想を得る」場合や、「道徳家の新動機を得る」場合、「美術家の新理想を得る」場合、「宗教家の新覚醒を得る」場合などを挙げている。

これらは、第四章冒頭の言葉で言うと、「理想的なる、普通に経験以上といっている者の直覚」（五六）である。西田は一方で、普通の知覚も知的直観と同じであると言うのであるが、「理想的要素」が普通の経験よりも深く豊かな経験をとくに知的直観として考えていたと言ってよいであろう。たとえば芸術家がいままでにない着想、インスピレーションを得て、我を忘れて作品を完成させるような場合や、宗教家が長年にわたる修行を経て魂の覚醒を経験するような場合のことが考えられている。

そのような理解を踏まえて、「知的直観とは我々の純粋経験の状態を一層深く大きくした者」(五八)であると言われている。これが、西田の「純粋経験」についての第六番目の説明である。

†芸術的直観

いま見たように西田は知的直観の具体的な例として「美術家の新理想を得る」ような場合を挙げるのであるが、確かに芸術ではこの知的直観が大きな役割を果たしていると言ってよい。第四章で「例えば画家の興来《きた》り筆自《おのずか》ら動く様に複雑なる作用の背後に統一的或る者が働いて居る」(五九)と言われているが、この「統一的或る者」が知的直観の具体的な中身である。

あるいは「物我相忘《あいぼう》じ、物が我を動かすのでもなく、我が物を動かすのでもない、ただ一の世界、一の光景あるのみである。知的直観といえば主観的作用の様に聞えるのであるが、その実は主客を超越した状態である、……芸術の神来の如きものは皆この境に達するのである」(五九)とも言われている。「神来」というのは inspiration の訳であるが、日常生活のなかでは得られない、何か特別で不可思議な直観や感興が心のなかに喚起されること、先ほどの引用で言えば、「興来り」ということを指す。この直観が得られると、「筆自ら動く」という状況が生まれるのである。そのことがこの引用では、「物我相忘じ、物が我を動かすのでもなく、我が物を動かすのでもない、……主客を超越した状態」と表現されている。

†無意識の状態から生まれる生きた芸術

もちろんそのような inspiration を得て、我を忘れて作品を完成させるというようなことは、一挙にできるわけではない。長い間の積み重ねを経て、はじめてそのような自在な創作活動が可能になる。西田の言い方で言えば、「理想的要素」がどこまでも深くなり、豊かになって、はじめて新しい着想を得、創造的な芸術活動ができるようになる。

西田はまた、「理想的要素」が深くなり、豊かになることから生まれるもう一つの結果に注目している。第一編第一章で次のように言われている。「判断が漸々《ぜんぜん》に訓練せられ、その統一が厳密となった時には全く純粋経験の形となるのである、例えば技芸を習う場合に、始《はじめ》は意識的であった事もこれに熟するに従って無意識となるのである」(二六)。意識的になされる習得と長年にわたる錬磨の結果、はじめて自在に筆を動かし、鑿を動かすことができる。そのような自在の、あるいは「無意識」の創造活動を西田は知的直観と呼び、純粋経験の一つの典型として考えている。

このような自在に筆を動かし、鑿を動かすような「主客合一、知意融合の状態」(五九)からすぐれた芸術作品が生まれてくること、それこそが本来の芸術の創作作用であることを西田は『善の研究』のあちこちで語っている。たとえば第二編第七章「実在の分化発展」でも、まず、「純粋経験」が「実在」の、あるいは「統一的或る者」の「分化発展」であることが言われ、そこには意識するものと意識される対象という対立があるのではなく、「無意識」が支配していると言われている。そのあと、そうした無意識の活動の例として芸術が挙げられている。具体的には次のように言われている。「例えば或る芸術の修錬についても、一々の動作を意識して居る間は未だ真に生きた芸術ではない、無意識の状態に至って始めて生きた芸術となるのである」(二〇八)。

†世阿弥の習道論

このように無意識の状態においてはじめて「生きた芸術」が生みだされると言われるのであるが、それが具体的にどういうことかを、世阿弥の芸術論を手がかりに見てみたい。

世阿弥が残した『風姿花伝』や『花鏡』などの伝書は、もともと自らの芸を受け継ぐ者のためにその奥義を書きとめたものであったが、そのなかで世阿弥は何より稽古の大切さ

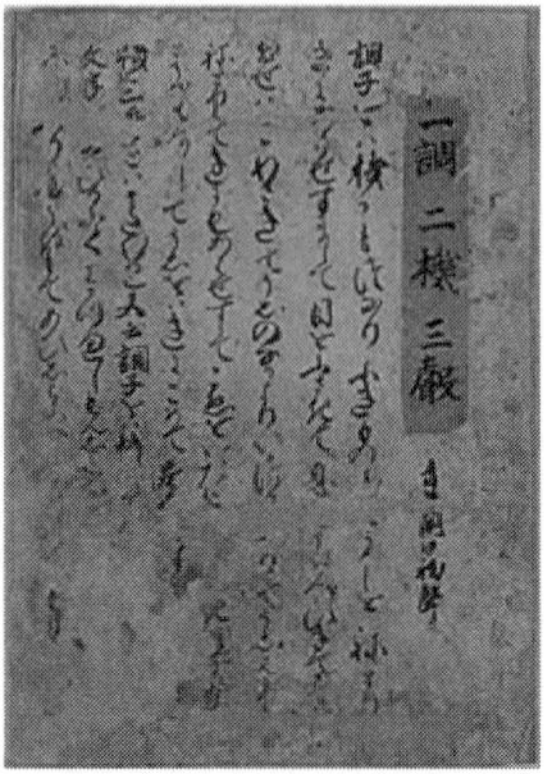

世阿弥『花鏡』(生駒山宝山寺蔵)

を強調している。『風姿花伝』においてもその序において、「およそ、若年より以来《このかた》、見聞き及ぶところの稽古の条々、大概《たいがい》注し置くところなり」と記されている。そしてそこで能役者がまず心がけるべきこととして二つの条項が挙げられている。その一つは「稽古は強かれ、情識はなかれ、となり」というものであった。厳しく、たゆみなく稽古を行い、「情識」、つまり自分勝手な思い込みや慢心で凝り固まるのではなく、あらゆるものを吸収できる柔軟な心を保つということを世阿弥は能役者になろうとする人にまず求めている(7)。

このように稽古に専心することによってはじめて役者として評価されるようになるのであるが、『花鏡』のなかで世阿弥は、すぐれた演者に三つの段階が区別されることを述べている。「初心より連続に習(い)上りては、よき為手と言はるゝまでなり〔最初の段階から稽古が進んで、やがてすぐれた演者と言われるようになる〕。是は、はや上手に至る位なり。その上に面白き位あれば、はや名人の位なり。その上に無心の感を持つ事、天下の名望を得る位なり。此重々《じゅうじゅう》を能々《よくよく》習(い)て、工夫して、心を以て能の高上に至り至(る)べし(8)」。

つまり、「上手」と「面白き位」（あるいは「名人の位」）と「天下の名望を得る位」という三つの段階が区別されている。

†無心の位

このように「無心の感」をもつことによって、最上位の「天下の名望を得る位」に立ちうると言われている。ここで言われる「無心の感」（「感」は世阿弥では演者の心の状態だけでなく、観客の心の状態をも指す言葉として使われている）とはどういう心のありようを指すのであろうか。そのことを世阿弥が同じ『花鏡』で「せぬ隙」ということについて論じた箇所を手がかりに見てみたい。

『花鏡』の「万能《まんのう》（すべてのわざ）を一心に綰《つな》ぐ事」という一節で世阿弥は、「せぬ所」、つまり演技しない部分がおもしろいと観客から批評される場合のあることに触れて、それは、表に出ない演者の心の働きがあるからだという趣旨のことを述べている。演者は演技と演技のあいだも気を抜かないで、その間を慎重に心でつなぐように努めているが、その心の働きがおのずと外に匂いでて、それが観客の心を打つのだと世阿弥は考えているわけである。

しかしそのような効果が出るように自らも努め、またそれが観客にも分かるのでは、かえって興ざめになるとも世阿弥は述べている。それでは「せぬ所」とは言えないわけである。「無心の位にて、我《わが》心をわれにも隠す安心〔内心の働き〕にて、せぬ隙の前後を綰ぐべし(9)」と世阿弥は記している。この「我心をわれにも隠す」というのを、意図して自分でも意識しないようにするというように解することはできないであろう。そうではなく、まさに「無心」、つまりそれを意図的にではなく、おのずとそうできるということであろうと思う。そういう芸境を世阿弥は能役者の最高の段階としたのである。

西田が「無意識」という言葉で言い表し、「知的直観」という言葉で呼ぶのも、そのように「無心」に最高の演技ができる状態のことを指すと考えられる。「画家の興来り筆自ら動く」というのも、そのような自在の境地を表現した一つの例だと言えるであろう。

†知的直観と宗教

先に見たように、西田は第一編第四章「知的直観」において、芸術だけでなく宗教に関しても、「理想的要素」が豊富になり、深淵となることによって「新覚醒」が得られるとしている。この章の最後の段落で、「真の宗教的覚悟とは思惟に基づける抽象的知識でもない、また単に盲目的感情でもない、知識および意志の根柢に横《よこた》われる深遠なる統一を自得するのである、即ち一種の知的直観である、深き生命の捕捉である」（六二）と述べている。「新覚醒」というのはこの「深き生命の捕捉」と表現されるような事態を指すと考えてよいであろう。

この「深き生命の捕捉」、あるいは「知識および意志の根柢に横われる深遠なる統一を自得する」ということが具体的にどういうことを指すのかについて、少し考えてみたい。それを考える上で手がかりになるのは、「第4章　宗教」で見た西田の宗教についての理解である。

そこで述べたように、西田は、「人心の最深最大なる要求」とは「我々の自己がその相対的にして有限なることを覚知すると共に、絶対無限の力に合一してこれに由りて永遠の真生命を得んと欲する」（二二三）ことであるとしている。それは、われわれが「自己の小意識を破って一大精神を感得する」（二四九）ことでもある。

それが「深き生命の捕捉」であり、「知識および意志の根柢に横われる深遠なる統一を自得する」ことであると言うことができるであろう。

†生命の自在の活動としての芸術と宗教

ただこの絶対無限の力との合一は、西田において、ただ単にそれとの融合、あるいはその存在の感得としてではなく、同時に自己の新しい生命の誕生として、またその新しい生命の自在な活動として理解されていた。そういう観点から「真正の宗教は自己の変換、生命の革新を求める」（二一三）と言われていた。

いまも見たように西田は第一編第四章において「知的直観」について、「知的直観といえば主観的作用の様に聞えるのであるが、その実は主客を超越した状態である」と言い、「芸術の神来の如きものは皆この境に達するのである」と述べている。先に述べたように、神来とはインスピレーションの訳である。インスピレーションに動かされ、筆がおのずから動き、ものの生命を具体的な形にしていくのが芸術だというのである。それと同様に、宗教における「新覚醒」もまた、一種の神来と言ってよいであろう。たとえば臨済宗を開いた中国・唐の禅僧臨済義玄の言行を記した『臨済録』のなかで、「若《も》し真正の見解《けんげ》を得ば、生死《しょうじ》に染まず、去住《こじゅう》自由なり」と言われている。「若し真正の見解を得ば」というのは、ほんとうの悟りの境地に至ればということであるが、それもまた一種の神来と言ってよいであろう。そのような境地に立てば、「生死」(saṃsāra)、つまり生まれかわり、死にかわって、迷いの世界をはてしなくめぐりさまようことから離れ、行くことも留まることも、すべてが自由自在になるというのである。「深き生命の捕捉」は、このような真理の把握、そして自在な活動と深く結びついていると考えることができる。

†北村透谷のインスピレーション

この西田の芸術についての、そして宗教についての理解は、明治前期の社会運動家であり、文学者であった北村透谷（一八六八―一八九四）のそれと深い一致を示している。透谷は死の前年に発表されたエッセー「内部生命論」のなかで、宗教の、そしてそれとともに文芸および哲学の基礎に「瞬間の冥契」、つまり「インスピレーション」がなければならないことを述べ、その「インスピレーション」について次のように説明している。

「インスピレーションとは何ぞ。必ずしも宗教上の意味にてこれを言うにあらざるなり。一の宗教（組織として）あらざるもインスピレーションはこれあるなり。一の哲学なきもインスピレーションはこれあるなり。畢竟するにインスピレーションとは宇宙の精神即ち神なるものよりして、人間の精神即ち内部の生命なるものに対する一種の感応に過ぎざるなり(10)」。

この宇宙の精神と人間の精神との「感応」という透谷の思想と、宗教とは「自己の小意識を破って一大精神を感得」し、絶対無限の力に合一して「永遠の真生命」を獲得することであるという西田の理解とのあいだには深く通じるものがある(11)。

いまも述べたように、西田は「神人合一」は自己の新しい生命の誕生でもあり、それの自在な活動でもあると言うのであるが、そこでも西田と透谷の思想との近さを見てとることができる。透谷はやはり「内部生命論」のなかで、内部生命の「再造」ということについて語っている。「この感応は人間の内部の生命を再造するものなり。この感応は人間の内部の経験と内部の自覚とを再造するものなり。この感応によりて瞬時の間、人間の眼光はセンシュアル・ウオルド〔sensual world〕を離るるなり。……どこまでも生命の眼を以て、超自然のものを観るなり。再造せられたる生命の眼を以て[12]」。この再造された生命がその「生命の眼」で超自然のものを観るということが、西田の言葉で言えば、知的直観ということになるであろう。

†禅における「新覚醒」

先に言ったように、西田は「理想的要素」が普通の経験よりも深く豊かになった知的直観の一つの例として、「宗教家の新覚醒」を挙げる。それはどの宗教でも見られるが——たとえば「第4章　宗教」で見たヤーコプ・ベーメの「もしも人間の眼が開かれさえすれば、彼はいたるところにその天にある神を見るであろう」という言葉のなかにある「人間の眼が開かれ」るというような経験もその例に挙げることができるであろう——、とくに禅のことが西田の念頭にあったと考えられる。

山口高等学校から金沢の第四高等学校に戻ってしばらくしてからの西田の日記のなかに次のような記述がある。「参禅之要は実地の辛苦にあり。人往々禅を以て他に資せんと欲す大なる誤なり。参禅之眼目は生死解脱にありこの外他事あるなし」(一七・五三)。「生死」とは、いま言ったように、衆生が生まれかわり死にかわって、はてしなく流転する姿を指す。「生死解脱」とは、そこから脱却し、悟りの世界に入ることを指す。その「新覚醒」をめざして西田は、すべてをなげうって禅の修行に励んだのである。

「第4章　宗教」で、鈴木大拙が一九〇二年九月二十三日付の書簡で西田にウィリアム・ジェームズの *The Varieties of Religious Experience* を読むように勧め、西田もそこから多くのことを学んでいたと述べたが、この手紙のなかでもう一点注目されるのは、そこで大拙が、ジェームズのこの書に記されているさまざまな宗教的経験に刺激されて、鎌倉で修行していたときの自らの経験を思い起こしたと記している点である。

そこで大拙は、ある日の夜、坐禅を終えて木立のなかを庵に帰ろうとしたとき、「忽然として自らをわする」という経験をしたと記し、その様子を次のように描き出している。「樹と吾との間に何の区別もなく、樹是吾れ、吾れ是れ樹、本来の面目、歴然たる思あり き、やがて庵に帰りて後も胸中釈然として少しも凝滞なく、何となく歓喜の情に充つ(13)」。

この記述は、『善の研究』において西田が「純粋経験」を説明した文章、たとえば先ほど引用した「我々が物を知るということは、自己が物と一致するというにすぎない。花を見た時は即ち自己が花となって居るのである」という表現ときわめて近いことが注目される。西田が『善の研究』で宗教家の「新覚醒」と言ったとき、大拙の例にも見られるような、禅で言う「生死解脱」の経験がその念頭にあったと言ってよいのではないだろうか。

†「終日なして而も行せず」

第一編第四章「知的直観」ではまた、その最後において、思惟や意志と知的直観との関わりが問題にされている。まず思惟や意志の根底には「直覚的統一」があり、その発展完成が思惟であり、意志であると言われている。そして「宗教的覚悟」とは、抽象的な知識でも、盲目的な感情でもなく、この「直覚的統一」の「自得」であるということが言われている。それが具体的にどういうものであるのかという点に関して西田は次のように述べている。「古人も終日なして而も行《こう》せずといったが、もしこの直覚より見れば動中に静あり、為《な》して而も為さずと云うことができる」(六一)。

「古人も終日なして而も行せず」というのは、禅で修行のために用いられる公案を集めた公案集の『碧巌録』に出てくるものである。その第十六則で、禅の修行を通して至りうる境地が次のような言葉で言い表されている。「垂示《すいじ》に云く、道に横径《よこみち》無ければ、立つ者は孤危《こき》なり。法は見聞に非ず、言思迥《はる》かに絶《へだ》つ。若し能く荊棘《いばら》の林を透過し、仏祖の縛《ばく》を解き開《はな》ちて、箇《こ》の穏密の田地《きょうち》を得ば、諸天も花を捧ぐるに路無く、外道《げどう》も潜《ひそ》かに窺うに門無けん。終日行じて未だ嘗て行ぜず、終日説いて未だ嘗て説かずして、便《すなわ》ち以って自由自在にして、啐啄《そったく》の機を展《の》べて殺活の剣を用うべし[14]」。

「垂示」というのは、師が弟子に教えを垂れることである。この文章の意味はおおよそ次の通りであろう[15]。仏道は横道のない一本道であるが、それを行く者は危うい（つまり、さとりの境地に至りがたい）。仏法は見たり聞いたりして把握されるものではないし、言葉を使ってあれこれ考えることからははるかに隔たったものであるからである。もしうまくこのいばらの林（困難な障礙）を通り抜け、仏祖（仏や宗派の開祖）の教えや言葉へのとらわれから解放されて、この静寂で平等一如の境地に至ることができれば、そこには（すぐれた説法をすると神々が花を降らすという伝承があるが）その神々が花を降らす道もないし、外道（異教の修行者たち）がこの境地にたどり着いたものを陥れようとひそかに様子を窺って入り込んでくる門もない。その境地に立つと一日中修行しても、あえて意図的にそれをしようとするのではなく、まったく自由であり、何の痕跡もとどめない。一日中説法をしても何の言葉もとどめない。要するに、まったくの自由自在の境地である。そこでは師と弟子とが啐啄[16]の働きをくりひろげ、活かすも殺すも自由自在の剣を振るうことができる。

要するに、何かを意識して努めるのではなく、無意識に自由自在に振るまい、何の痕跡も残さないようなあり方が、究極の境地であるということが言われている。西田は純粋経験がより深く、豊かになれば、このような境地に至ると考えていたと言えるであろう。これまで述べたように、純粋経験は、花の色を見、鳥の声を聞くというわれわれの日常の経験に関わって言われるのであるが、同時に、すぐれた芸術家や宗教家が、長年の修練を経て、無意識にそして自在に筆を揮い、何ものにもとらわれず行動しうる状態もまた、そのなかに込めて理解されていたと言ってよい。

(1)「形而上学入門」(坂田徳男訳)、『世界の名著』第五三巻『ベルクソン』(中央公論社、一九六九年)六八頁。
(2)「冷暖自知」という表現は、禅の諸師の伝記と系譜を記した『景徳伝灯録』や禅の公案集である『無門関』などに見える。
(3) 西田がどのような点でジェームズの「純粋経験」の理解に共感を抱いていたか、また、両者の「純粋経験」の理解にどのような違いがあるかに関しては、上田閑照『西田幾多郎を読む』(岩波書店、一九九一年)一〇八頁以下を参照されたい。
(4)『西田哲学選集』別巻二『西田哲学研究の歴史』(藤田正勝編・解説、燈影舎、一九九八年)九頁。
(5) 同書一八頁。
(6)『自覚に於ける直観と反省』における西田の思索に関しては、拙著『人間・西田幾多郎――未完の哲学』（岩波書店、二〇二〇年）一五一頁以下を参照されたい。
（7）序でに言うと、もう一つの条項というのは、「好色・博奕《ばくえき》・大酒《おおざけ》」をつつしめというものであった。
（8）『日本思想大系』第二四巻『世阿弥 禅竹』（表章《おもてあきら》・加藤周一校注、岩波書店、一九七四年）九六頁。
（9）同書一〇〇頁。
（10）『透谷全集』（全三巻、改版、岩波書店、一九七三―一九七四年）第二巻二四八頁。
（11）山田宗睦は『山田宗睦著作集 西田幾多郎の哲学』（三一書房、一九七八年）のなかで、そのような点を踏まえて、西田の『善の研究』は「透谷の内部生命論の哲学化」であったとしている（同書六八頁参照）。
（12）『透谷全集』第二巻二四八―二四九頁。
（13）西村惠信編『西田幾多郎宛鈴木大拙書簡』九五頁。
（14）『碧巌録（上）』入矢義高ほか訳注（岩波文庫、一九九二年）二一八頁。
（15）岩波文庫版『碧巌録（上）』の注釈を手がかりにする。
（16）「啐啄」というのは「啐啄同時」という言葉があるが、卵のなかで育った雛が孵化するときに殻をつつくのと、親鳥がそれを助けようと殻をつつくことを指す。

あとがき

思い返すと、西田幾多郎の著作に触れてからもう五十年以上になる。本格的にその哲学と取り組むようになってからでも四十年になる。西田の文章は「はじめに」でも記したように決して理解しやすいものではない。しかしそこにいつも惹きつけられるものを感じてきた。

その魅力の一つは、われわれが、あるいは哲学がこれまでその妥当性を十分に吟味することなく前提としてきたものを問い直し、どこまでも事柄に肉薄していこうとする思索の徹底性にあると言ってよいと思う。その強固な意志と強靱な思索力にいつも惹きつけられてきた。

しかし魅力はそれだけにとどまらない。西田は「純粋経験」においては知と情と意とが一つになっていることを強調するが、彼自身、知の人であるだけでなく、情愛あふれた人でもあった。それは本文中でも紹介した「場所の自己限定としての意識作用」という論文のなかの、「哲学の動機は「驚き」ではなくして深い人生の悲哀でなければならない」といった言葉からも見てとれる。『善の研究』のなかでも、人間には自分の幸福だけではなく、他者の幸福をも願うという「自然の欲求」があるとも、「他を愛するということは我々に無限の満足を与うる」とも述べている。西田が若い人たちにメーテルリンクの『貧者の宝』やオスカー・ワイルドの『獄中記』を読むことを勧めたのも、そういう人であったからであろう。

筆者が大学で学び始めてから最初に関心を抱いたのはヘーゲルの哲学であった。それを学ぶためにドイツ・ボーフム大学のヘーゲル研究所に留学した。帰国してからもドイツ古典哲学を中心に研究を進める予定にしていたが、たまたま、西谷啓治先生や上田閑照先生を中心にして開催されていた西田哲学研究会に参加させていただくという機会があった。そのときに読んだテキストは『働くものから見るものへ』に収められた「左右田博士に答う」であった。最初まったく歯が立たなかったことをなつかしく思いだす。それでも少しずつ理解することができるようになり、おもしろさを感じるようになっていった。それにあわせて研究の力点が徐々に日本の哲学の方に移っていき、現在に至っている。

筆者が最初に手にした西田の著作は『善の研究』であったが、それ以後も、新版の『西田幾多郎全集』や岩波文庫版の『善の研究』(改版)の編集に携わったり、その刊行百年を記念して『善の研究』の百年――世界へ／世界から』という論文集を編んだりして、くり返しこの著作には触れてきた。今回、改めて読み直してみて、そこに尽きない魅力があることを強く感じた。その魅力をいささかでもお伝えできればという思いで本書を執筆した。西田のテキストに直接触れていただくきっかけになれば幸いである。

二〇二二年六月十五日

藤田正勝

ちくま新書
1678

西田幾多郎《にしだきたろう》『善《ぜん》の研究《けんきゅう》』を読《よ》む

二〇二二年八月一〇日 第一刷発行

著者 藤田正勝（ふじた・まさかつ）
発行者 喜入冬子
発行所 株式会社 筑摩書房
東京都台東区蔵前二-五-三 郵便番号一一一-八七五五
電話番号〇三-五六八七-二六〇一（代表）
装幀者 間村俊一
印刷・製本 株式会社 精興社

ISBN978-4-480-07501-7 C0210

ちくま新書

1460
世界哲学史1
——古代Ⅰ　知恵から愛知へ
［責任編集］伊藤邦武／山内志朗
中島隆博／納富信留

人類は文明の始まりに世界と魂をどう考えたのか。古代オリエント、旧約聖書世界、ギリシアから、中国、インドまで、世界哲学が立ち現れた場に多角的に迫る。

1461
世界哲学史2
——古代Ⅱ　世界哲学の成立と展開
［責任編集］伊藤邦武／山内志朗
中島隆博／納富信留

キリスト教、仏教、儒教、ゾロアスター教、マニ教などの宗教的思考について哲学史の観点から領域横断的に検討。「善悪と超越」をテーマに、宗教的思索の起源に迫る。

1462
世界哲学史3
——中世Ⅰ　超越と普遍に向けて
［責任編集］伊藤邦武／山内志朗
中島隆博／納富信留

七世紀から一二世紀まで、ヨーロッパ、ビザンツ、イスラーム世界、中国やインド、そして日本の多様な形而上学の発展を、相互の豊かな関わりのなかで論じていく。

1463
世界哲学史4
——中世Ⅱ　個人の覚醒
［責任編集］伊藤邦武／山内志朗
中島隆博／納富信留

モンゴル帝国がユーラシアを征服し世界が一体化へと向かう中、世界哲学はいかに展開したか。天や神など超越者に還元されない「個人の覚醒」に注目し考察する。

1464
世界哲学史5
——中世Ⅲ　バロックの哲学
［責任編集］伊藤邦武／山内志朗
中島隆博／納富信留

近代西洋思想は、いかにイスラームの影響を受けたスコラ哲学によって準備され、世界へと伝播したか。中国・朝鮮・日本までを視野に入れて多面的に論じていく。

1465
世界哲学史6
——近代Ⅰ　啓蒙と人間感情論
［責任編集］伊藤邦武／山内志朗
中島隆博／納富信留

啓蒙運動が人間性の復活という目標をもっていたことを、東西の思想の具体例とその交流の歴史から浮き彫りにしつつ、一八世紀の東西の感情論へのまなざしを探る。

1466
世界哲学史7
——近代Ⅱ　自由と歴史的発展
［責任編集］伊藤邦武／山内志朗
中島隆博／納富信留

旧制度からの解放を求めた一九世紀の「自由の哲学」とは何か。欧米やインド、日本などでの知的営為を俯瞰し、自由の意味についての哲学的探究を広く渉猟する。

589 デカルト入門　小林道夫
デカルトはなぜ近代哲学の父と呼ばれるのか？　行動人としての生涯と認識論・形而上学から自然学・宇宙論におよぶ壮大な知の体系を、現代の視座から解き明かす。

666 高校生のための哲学入門　長谷川宏
どんなふうにして私たちの社会はここまできたのか。「知」の在り処はどこか。ヘーゲルの翻訳で知られる著者が、自身の思考の軌跡を踏まえて書き下ろす待望の書。

695 哲学の誤読 ――入試現代文で哲学する！　入不二基義
哲学の文章を、答えを安易に求めるのではなく、思考の対話を重ねるように読み解いてみよう。入試問題の哲学文を「誤読」に着目しながら精読するユニークな入門書。

740 カントの読み方　中島義道
超有名な哲学者カントは、翻訳以前にそもそも原文も難しい。カントをしつこく研究してきた著者が『純粋理性批判』を例に、初心者でも読み解ける方法を提案する。

776 ドゥルーズ入門　檜垣立哉
没後十年以上を経てますます注視されるドゥルーズ。哲学史的な文脈と思想的変遷を踏まえ、その豊かなイマージュと論理を読む。来るべき思想の羅針盤となる一冊。

832 わかりやすいはわかりにくい？ ――臨床哲学講座　鷲田清一
人はなぜわかりやすい論理に流され、思い通りにゆかず苛立つのか――常識とは異なる角度から哲学的に物事を見る方法をレッスンし、自らの言葉で考える力を養う。

866 日本語の哲学へ　長谷川三千子
言葉は、哲学の中身を方向づける働きを持っている。和辻哲郎の問いを糸口にパルメニデス、デカルト、ハイデッガーなどを参照し、「日本語の哲学」の可能性をさぐる。

ちくま新書

1076
感情とは何か
――プラトンからアーレントまで
清水真木
「感情」の本質とは何か？　感情をめぐる哲学的言説の系譜を整理し、それぞれの細部を精神史の文脈に置きなおす。哲学史の新たな読みを果敢に試みる感情の存在論。

1103
反〈絆〉論
中島義道
東日本大震災後、列島中がなびいた〈絆〉という価値観。だがそこには暴力が潜んでいる？〈絆〉からの自由は認められないのか。哲学にしかできない領域で考える。

1119
近代政治哲学
――自然・主権・行政
國分功一郎
今日の政治体制は、近代政治哲学が構想したものだ。ならば、その基本概念を検討することで、いまの民主主義体制が抱える欠点も把握できるはず！　渾身の書き下し。

1143
観念論の教室
冨田恭彦
私たちに知覚される場合だけ物は存在すると考える「観念論」。人間は何故この考えにとらわれるのか。元祖観念論者バークリを中心に「明るい観念論」の魅力を解く。

1165
プラグマティズム入門
伊藤邦武
これからの世界を動かす思想として、いま最も注目されるプラグマティズム。アメリカにおけるその誕生から最新の研究動向まで、全貌を明らかにする入門書決定版。

1229
アレント入門
中山元
生涯、全体主義に対峙し、悪を考察した思想家ハンナ・アレント。その思索の本質を『全体主義の起原』『イェルサレムのアイヒマン』などの主著を通して解き明かす。

1281
死刑　その哲学的考察
萱野稔人
死刑の存否をめぐり、鋭く意見が対立している。「結論ありき」でなく、死刑それ自体を深く考察することで、これまでの論争を根底から刷新する、究極の死刑論！